广州市属高校科研计划资助项目（2012A142）
最终结项成果

体育赛事
信息技术教程

TIYU SAISHI
XINXI JISHU JIAOCHENG

◎伍晓峰　编著

暨南大学出版社
JINAN UNIVERSITY PRESS

中国·广州

图书在版编目（CIP）数据

体育赛事信息技术教程/伍晓峰编著.—广州：暨南大学出版社，2017.8
ISBN 978 - 7 - 5668 - 2115 - 7

Ⅰ.①体… Ⅱ.①伍… Ⅲ.①运动竞赛—管理信息系统—教材
Ⅳ.①G808.2 - 39

中国版本图书馆 CIP 数据核字（2017）第 112976 号

体育赛事信息技术教程
TIYU SAISHI XINXI JISHU JIAOCHENG

编著者：伍晓峰

- -

出 版 人：徐义雄
责任编辑：古碧卡　刘慧玲
责任校对：李林达
责任印制：汤慧君　周一丹

出版发行：暨南大学出版社（510630）
电　　话：总编室（8620）85221601
　　　　　营销部（8620）85225284　85228291　85228292（邮购）
传　　真：(8620）85221583（办公室）　　85223774（营销部）
网　　址：http://www.jnupress.com
排　　版：广州市科普电脑印务部
印　　刷：广州家联印刷有限公司
开　　本：787mm×960mm　1/16
印　　张：10.5
字　　数：159 千
版　　次：2017 年 8 月第 1 版
印　　次：2017 年 8 月第 1 次
定　　价：32.00 元

前　言

随着信息技术的快速发展，信息技术越来越多地被应用到体育赛事中，成为大型体育赛事的重要组成部分。本书系统介绍了举办体育赛事所涉及的主要信息技术以及管理系统，适合作为体育类院校相关课程的教材，也可用作筹办体育赛事工作人员的培训用书。

全书共分 5 章。第 1 章介绍了体育赛事与信息技术的基本概念，以及国内外大型体育赛事应用信息技术的历史、现状及前景。第 2 章介绍了计算机及网络的基础知识。第 3 章介绍了信息系统建设，包括信息系统的规划、分析、设计和实施等。第 4 章介绍了举办体育赛事中常用的五个信息管理系统。第 5 章介绍了两个案例，分别是 2010 年广州亚运会信息化建设与运行概况和基于 SaaS 模式的中小学校运动会管理系统的设计与实现。

本书在编写过程中得到了广州科韵信息股份有限公司、华南理工大学张平健教授、广州市教育信息中心的大力支持和帮助，在此表示衷心的感谢！由于编者水平有限，书中难免出现错误和不妥之处，敬请读者批评指正。

编　者
2017 年 1 月

目　录

1 体育赛事与信息技术

1.1 体育赛事

1.1.1 体育赛事的定义

体育赛事是随着社会生产力的发展而形成并发展起来的，其内容、形式、功能以及运作方式受社会、政治、经济等因素的影响而发生变化。目前，国内外对体育赛事并没有统一的定义。国外学者普遍把体育赛事看成是一种特殊事件。但特殊事件的领域广泛，不仅包括政权更迭、大型集会、宗教典礼、节日庆典、传统仪式、体育赛事等各种活动，还包括战争、地震、海啸等各种突发事件，因此把体育赛事归入这一类，其个性特征并没有得到体现。

1. 国外对体育赛事的认识和理解

国外对体育赛事的理解和实践与国内相比有明显不同。国外把体育赛事看成是特殊事件（Special Event），其领域很广泛，而体育赛事则被看作是一种很重要的特殊事件。国外学者对体育赛事的研究早于国内同行且已趋于成熟，有专门的学科理论，即事件管理理论（Event Management）。而且，在实践中已经把事件作为一个特殊的事物来认识并运用科学理论来指导。Watt（1998）对特殊事件的描述是"任何发生的不同于任何存在的事情，或是发生的有重要意义的事情。事件的范围可以是从当地村庄事件到有来自全世界的参加者的国际事件。"他又对特殊事件的定义是"一次性发生的事情，在任何给定时间里迎合特殊的需要"[1]。而 Allen 等人则将特殊事件的定义表述为"用来描述特别的仪式、表达、表演或庆典，其被有意识地计划产生以标志特殊

---

① WATT C D. Event management in leisure and tourism. London: Addison Wesley Longman Ltd., 1998: 2.

的场合，或取得独特的社会、文化或团体的目的和目标"。特殊事件的范围包括国庆日和一些庆典，重要的城市集会、独特的文化表演、大型体育比赛、团体典礼、贸易促销和产品发布特殊事件似乎无处不在，并正成为朝阳产业了。[①] Donald 认为对于特殊事件最好从其所处的上下关系来进行定义。他提出了两种建议，一是从组织者的角度来看，特殊事件是一个"一次性的或很少发生的事件，不同于惯常的节目或赞助商和组织主体的活动"；二是从消费者或顾客的角度来看，特殊事件是一个"休闲、社会或文化经历的机会，不同于惯常范围的选择，并超出了日常经历"[②]。

2. 国内对体育赛事的认识和理解

基于政治、经济和社会等实际情况，国内对体育赛事的内涵和外延的研究主要始于 20 世纪 90 年代，在时间上比国外迟了许多，在认识和实践上也与国外存在明显不同。长期以来，国内对体育赛事与运动竞赛概念常常混淆不清，认为体育赛事唯一指的就是运动竞赛。如原国家体委训练竞赛综合司在《运动竞赛学》中指出："运动竞赛是在裁判员主持下，依据统一的规则而组织与实施的运动员个体或运动队之间的竞技较量。"后来，随着我国社会经济快速发展和对外交流的日益增多，特别是在举办体育赛事的过程中被植入越来越多的商业因素，体育竞技活动过程也变得复杂起来，国内学者对体育赛事的认识因而不断发生着变化，并呈现出"百花齐放，百家争鸣"的态势，但有两点达成了共识：一是认同国外对于体育赛事起源的说法，认为体育赛事起源于宗教祭祀活动。在古代奥林匹克运动的起源地古希腊，人们为了向神灵表示虔诚，取悦万神之王宙斯及其他诸神，常常在祭坛前举行盛大的集会，进行各种游乐活动，展示超人的力量、协调的动作、飞快的速度和惊人的耐力，进而形成多种竞技活动。二是认同体育竞技活动是体育赛事的核心。随着近代西方竞技活动的蓬勃兴起，以及社会、经济、文化、科技等的发展，体育竞技活动受到极大影响，导致体育赛事的活动过程也变得复杂多样，但其核心仍然是竞技活动。

---

①ALLEN J. Festival and special event management. Sydney：John Wiley & Sons Australia Ltd.，2002：11.
②DONALD G. Event management and event tourism. New York：Cognizant Communication Corporation，1997：4.

对体育赛事的定义，比较有代表性的有如下几种：

李南筑等在《体育赛事经济学》中，认为"体育赛事是以人体运动为载体，用比较决定胜负，最终给出公开排名的事件。"

台湾学者曹有培认为："体育赛事指由特定的组织团体，透过有计划的筹备、营造、管理，在特定的时间、地点集合个人或团队，以达成预期目标和宗旨，并藉一项或以上的运动，依循各种运动规则，举行比赛，各种单项的运动比赛和综合性运动会皆涵盖其中。"

程绍同认为："体育赛事是特定的组织团体依其本身举办之目的，透过科学化的管理与筹备过程，在特定的时间与地点下，召集运动经济活动的相关人员及团体共同参与所形成的综合性集会。"

黄海燕等在《体育赛事的基本理论研究》中指出："体育赛事是指以体育竞技为主题的、一次性或不经常发生的且具有一定期限的活动。它起源于祭祀活动，萌芽于体育游戏，并从运动竞赛的传统表现形式发展成为现代的一种提供竞赛产品和相关服务产品的特殊事件。它具有聚焦性、体验性、外部性和综合性等特征。"

王守恒等在《体育赛事的界定及分类》中认为："体育赛事是一种提供竞赛产品和相关服务产品的特殊事件，其规模和形式受到竞赛规则、传统习俗等多种因素的制约，具有项目管理特征、组织文化背景和市场潜力，能够迎合不同参与体分享经历的需求，达到多种目的与目标，对举办地的社会和文化、自然和环境、政治和经济、旅游等多个领域发生冲击影响，能够产生显著的社会效益、经济效益和综合效益。"

王子朴等认为："体育赛事是具有市场营销、项目管理、组织文化等背景特征，受运动项目、竞赛规则以及社会经济等多种因素制约，能够提供体育竞赛产品和相关服务产品，以满足体育消费者多种需求的特殊活动。"

综上所述，体育赛事是以体育竞赛运动为核心的活动，它包括围绕举办该赛事所需的交通、通信、安全、基建、餐饮、住宿、信息、金融、媒体等领域。

1.1.2 体育赛事的分类

分类是根据对象的本质属性或显著特征进行的一种特殊形式的划分，它具有较大的稳定性。分类要求以对象的一般本质属性或显著特征作为分类的标准。对体育赛事进行分类，是认识体育赛事和进行体育赛事管理与运行研究的重要前提。由于国内外对特殊事件有着不同的认识和理解，所以，对体育赛事的分类也有不同的描述。一般有如下几种分类：

1. 依据办赛时间分类

（1）周期性体育赛事：办赛时间具有明显的周期性，按项目可分为两类。一是周期性综合赛事，如奥运会、大运会、亚运会、全运会、城运会、省运会等，大多为 4 年一届。二是周期性单项赛事，如各单项锦标赛、杯赛等。

（2）单项联赛：具有一定的周期性，每年或跨年度举办一次，赛事时间跨度较长（数月不等）。联赛是主要的体育赛事，其赛事数量、观众人数、媒体覆盖面和关注持久度等在所有体育赛事中占据极大分量。

（3）临时性赛事：没有时间规律性，办赛的模式灵活，多为各种商业性赛事，如友谊赛、热身赛等。

2. 依据赛事规模分类

（1）超大型体育赛事：指那些能影响举办城市甚至举办国家的经济和民生，并在全球范围内能引起广泛关注的大型综合性或单项体育赛事。具有赛事规模大、规格高、赛期长、水平高、参赛人数多、观众多、关注度高、市场吸引力大、组织工作复杂等特点，对举办地的经济、社会、文化、基建等方面会产生显著的影响。此类赛事主要有夏季奥林匹克运动会（奥运会）、冬季奥林匹克运动会（冬奥会）、世界杯足球赛、世界大学生运动会、亚洲运动会（亚运会）、亚洲冬季运动会（亚冬会）、全国运动会（全运会）、全国冬季运动会（冬运会）等。

（2）大型体育赛事：指那些对举办城市的经济和建设产生较大的影响，在区域范围或行业内关注度较高的体育赛事。其特点是赛事规模大、水平高，在区域或行业范围内有较高的影响力。此类赛事有各单项（足球除外）世界或洲际锦标赛或世界杯赛、城运会、省运会、少数民族运动会等。

（3）一般体育赛事：对举办城市的经济社会产生影响较小，只在局部范围内有一定的关注度的体育赛事。譬如全国性的单项赛事，一般的友谊赛、热身赛，各高校运动会等。

（4）小型体育赛事：办赛的主体层次不高，赛事规模小，只在小范围内开展活动。例如企业或行业举办的单项比赛、中小学校运动会等。

1.1.3　国内常见体育赛事

随着国内经济的快速发展及国民生活水平的日益提高，国内举办的体育赛事无论是数量还是种类均呈现快速增长的态势。除了不定期根据需要和举办条件申办的一些国际性体育赛事，如奥运会、亚运会和单项锦标赛、杯赛外，以下是一些国内常见的体育赛事。

1. 综合性赛事

各类综合性赛事见下图：

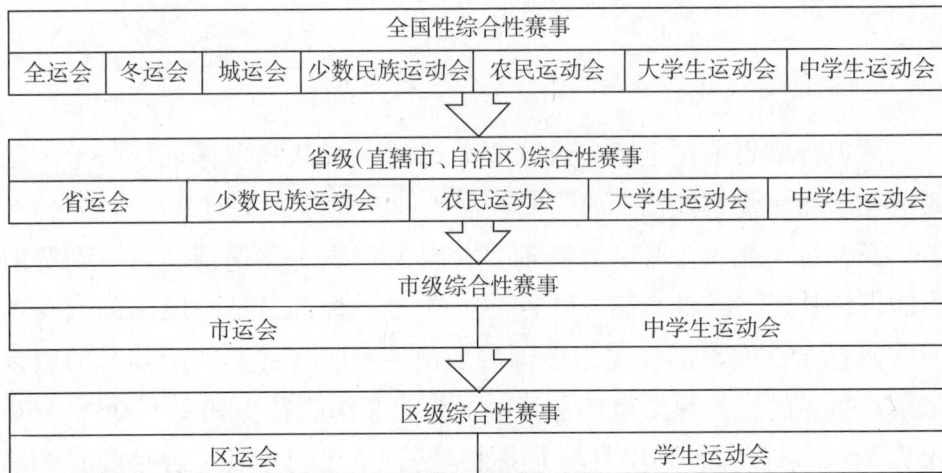

综合性赛事

2. 职业联赛

要组织开展职业联赛，需要具有市场化程度较高，具备一定商业运作和营销氛围的项目。目前国内体育职业联赛主要有中国足球超级联赛（CSL）、中国男子篮球职业联赛（CBA）、中国女子篮球职业联赛（WCBA）、中国男子排球联赛（CVA）、中国女子排球联赛（WCVA）、中国羽毛球俱乐部超级联赛（CBSL）、中国乒乓球俱乐部超级联赛（CTTSL）。

3. 单项锦标赛（杯赛）

各单项体育组织一般每年都会举办不同级别的单项锦标赛或杯赛，规模和影响力较大的有全国田径锦标赛、全国游泳锦标赛、全国体操锦标赛、全国羽毛球锦标赛、全国乒乓球锦标赛、全国跳水锦标赛、全国网球巡回赛等。

4. 公开赛

部分体育单项协会在综合考虑该项目的竞技水平、群众基础、市场营销能力后，每年都举办具有一定影响力的公开赛，具有代表性的赛事有中国网球公开赛、中国羽毛球公开赛、北京马拉松赛、厦门马拉松赛、大连马拉松赛、广州马拉松赛、环青海湖自行车赛、斯诺克中国公开赛、高尔夫球中国公开赛等。

5. 邀请赛（热身赛）

该类赛事集中在足球和篮球两大球的国家队和俱乐部层面上。国家队在参加一些大赛比赛前，一般会邀请其他国家队前来进行热身赛。俱乐部在每年的职业联赛开赛前，会自发组织一些邀请赛以达到赛前检验训练效果、磨合、热身的目的。欧洲一些著名足球俱乐部或美国NBA球队会在赛季前应邀来中国参加邀请赛，在达到赛前热身的效果之余，更多的是为开拓市场并获得不菲的经济收益。如2011年皇家马德里 VS 广州恒大、2012年曼彻斯特联队 VS 上海申花、各年度的NBA中国赛等。

1.1.4　体育比赛项目

纵观人类体育的发展史，不难发现大部分体育项目都经历了由娱乐消遣（Play）、游戏（Game）再到竞技体育运动（Sport）这样由初级到高级的演变过程。起初，带有比赛性质的游戏经过社会的遴选而演变成运动竞赛的形式；然后，这种简单的、自发的、随意的运动竞赛经过规则的完善、组织的健全成为严肃的、制度化的运动竞赛；最终，随着社会文明的进步，在市场经济环境下，运动竞赛融入了政治、文化、商业等因素，以适应社会的发展，而且其外延不断扩大，发展为具有重大社会事件性质的体育赛事。由此可见，体育赛事经历了由游戏到运动竞赛再到特殊事件的演变。因此，体育比赛项目也从最初萌芽时期的身体娱乐活动，伴随着社会的发展、人类的交往及人体身心的需要，逐步发展成种类繁多、形式多样、内容丰富的体育运动项目。

1. 根据项目特点，可分为竞速类、评分类、记环与记分类和对抗类项目

（1）竞速类项目。

竞速类项目是以运动员通过终点的时间快慢决定比赛名次。竞速类项目主要有田径（径赛）、游泳、公路自行车、赛艇、皮划艇、激流回旋、速度赛马、马术（障碍赛）、速度滑冰等。

（2）评分类项目。

评分类项目是由裁判员对运动员的表现进行评价，并通过打分的形式体现，最后将所有裁判员的打分按照评分规则统计排序决定比赛名次。评分类项目主要有体操、蹦床、跳水、花样游泳、武术（套路）等。

（3）记环与记分类项目。

记环与记分类项目是通过采集或统计运动员的距离、高度、环数、成绩折算分等信息进行处理统计后，作为判断运动员比赛名次的主要标准。记分类项目主要有射击、射箭、田径（田赛）、举重等。

（4）对抗类项目。

对抗类项目可细为评分形式对抗类项目、记分形式对抗类项目和计时形式对抗类项目，其比赛一般是由两支队伍或两名运动员来完成，以裁判员评分、运动员（队）得分或比赛时间决定胜负。对抗类项目主要包括摔跤、柔道、跆拳道、拳击、武术（散打）、击剑、足球、篮球、排球、手球、水球、棒球、垒球、曲棍球、网球、羽毛球、乒乓球、场地自行车等。

2. 奥运会比赛项目和非奥运比赛项目

根据国际奥委会的资料，奥运会比赛项目划分为大项（Sport）、分项（Discipines）和小项（Event）。此前几届奥运会的比赛项目基本确定为28个大项，分项和小项会因项目当时的受欢迎程度和东道主的要求等因素进行个别调整。如2008年北京奥运会的28个大项为：田径、赛艇、羽毛球、垒球、篮球、足球、拳击、皮划艇、自行车、击剑、体操、举重、手球、曲棍球、柔道、摔跤、水上项目、现代五项、棒球、马术、跆拳道、网球、乒乓球、射击、射箭、铁人三项、帆船帆板和排球。其中，水上项目包括了游泳、花样游泳、水球和跳水4个分项，排球包括室内排球和沙滩排球2个分项。田径虽然没有分项，却有46个小项，是奥运会项目中金牌数最多的。

为了增加奥运会的吸引力，鼓励更多城市参与申办奥运会，国际奥委会拟对奥运会项目设置进行改革，主要变化是：变大项基础制为小项基础制，允许东道主可自主提议增加一个比赛大项。在运动员、官员及小项总数有所限制的基础上，东道主于该届奥运会开幕前三年决定具体项目的增减，东道主组委会有权就本届奥运会提出设项申请。这就意味着夏季奥运会将不再囿于28个大项；在总数不变的前提下，小项的设置会有所调整。

非奥运会项目多是各地方的民间传统项目，如台球、攀岩、登山运动、健美运动、国际象棋、中国象棋、围棋、保龄球、飞镖、体育舞蹈、钓鱼、美式橄榄球等。

1.2　信息技术

自 1946 年第一台电子计算机诞生至今，计算机技术的发展速度惊人。计算机从最初仅能处理文字、数据和简单图形等信息，到能综合处理图像、动画、声音、视频等信息，也只花了短短几十年时间。20 世纪 90 年代互联网的逐步普及，极大地推动了计算机技术的发展和应用，从而对社会的发展和民众的工作、学习、生活产生了深刻的影响。当下，人们正时刻感受着计算机技术所带来的方便：处理数据文件、快捷获取各种资讯、传输交换信息、开展电子商务活动、享受云端提供的服务……在计算机技术、通信技术和传感技术基础之上形成的信息技术，在各个领域得到了广泛的应用。

1.2.1　信息技术的概念

信息技术（Information Technology，简称 IT），该词语最早出现在 1958 年哈佛商业评论中，一篇由 Harold J. Leavitt & Thomas L. Whisler 所著的文章，提到"这种新技术还没有一个单一的名称，我们应该将其称为信息技术"。此后，关于信息技术的概念，不同的学科领域、不同的学者有不同的看法。其中比较有代表性的有：

美国信息技术协会（ITAA）定义信息技术为"对于一个以电脑为基础之信息系统的研究、设计、开发、应用、实现、维护或是应用"。与此领域相关的任务包括网络管理、软件开发及安装、针对组织内信息技术生命周期的计划及管理，包括软件及硬件的维护、升级及淘汰、更换。

百度百科：信息技术是主要用于管理和处理信息所采用的各种技术的总称。它主要是应用计算机科学和通信技术来设计、开发、安装和实施信息系统及应用软件。它也常被称为信息和通信技术（Information and Communications Technology，ICT）。

《新华词典》（商务印书馆 2001 年修订版）：信息技术是指利用电

子计算机和现代通信手段获取、传递、存储、处理、显示信息和分配信息的技术。

在我国一些 IT 专家、学者看来，多数人认同的信息技术定义有如下三种：一是指有关信息的收集、识别、提取、变换、存储、处理、检索、检测、分析和利用等的技术。二是指研究信息如何产生、获取、传输、变换、识别和应用的科学技术。三是指所有与计算机和通信设备的设计制造，信息的设计、处理、传输、变换、存取有关的技术。这是基于工作流程的基本环节来定义的。

到目前为止，信息技术还没有一个统一的概念，比较有代表性的一种定义是：信息技术是指用来延伸人的信息功能的技术。也就是说，信息技术是提高和扩展人类信息能力的方法和手段的总称，这些方法和手段包括信息的产生、获取、检索、识别、处理、传输、利用等技术。

1.2.2 信息技术的内容

综合信息技术各种定义特别是其基本定义，信息技术所包含的内容可与人的信息器官相对应。人的信息器官主要有四大类：感觉器官、传导神经网络、思维器官以及效应器官，相对应的信息技术分别为感测技术、通信技术、计算机技术和控制技术，如表 1-1 所示。

表 1-1 人的信息器官与对应的信息技术

人体信息器官的名称	信息器官的功能	扩展信息器官功能的技术
感觉器官	获取信息	感测技术
传导神经网络	传递信息	通信技术
思维器官	加工和再生信息	计算机技术
效应器官	施用信息	控制技术

1. 感测技术

感测技术是人的视觉、听觉、嗅觉、味觉等感觉器官功能的扩展和延长，作用是扩展人获取信息的感觉器官功能，感测技术包括信息识别、感知、提取、测量等技术。传感技术、测量技术与通信技术相结合而产生的感测技术，使人类的感知信息能力得到进一步加强，人类所有感觉器官的传感功能几乎都可以使用传感技术来实现，例如对文字、语音和图形的识别等。被称为继计算机、互联网之后世界信息产业发展第三次浪潮的物联网，就是以感测技术为重要组成部分，把智能感知、识别技术与普适计算、通信技术相融合，形成人与物、物与物相连，实现信息化、远程管理控制和智能化的网络。感测技术在日常生活中常见的应用有：公交卡、食堂饭卡、电子温度计、数码照相机、家电控制器、语音输入、指纹识别、手写屏等。

2. 通信技术

通信技术是人的信息输送系统（即传导神经网络）功能的扩展和延长，主要作用是实现信息传递、交换和分配。随着科学技术的发展，现在已经出现了数字通信、卫星通信、光纤通信等多种通信手段。人们常说的计算机网络就是计算机技术和通信技术相结合的产物。通信技术的出现大大缩短了信息流通的时间，拉近了人与人之间的距离，提高了社会经济效率，并深刻改变着人类的生活方式。其在日常生活中的应用有：固定电话、移动电话、互联网、有线电视等。

3. 计算机技术

计算机技术是人的信息处理器官（即思维器官）功能的扩展和延长，作用是实现信息的处理和存储。计算机分为硬件和软件两部分。硬件是计算机系统中由电子、机械和光电元件等组成的各种物理装置的总称。这些物理装置按系统结构的要求组成一个有机整体，为计算机软件运行提供物质基础，完成输入并存储程序和数据，以及执行程序把数据加工成可以利用的形式等任务。一台计算机由运算器、控制器、存储器、输入设备和输出设备五种部件组成。

软件是一系列按照特定顺序组织的计算机数据和指令的集合，一般分为系统软件、应用软件和介于这两者之间的中间件。系统软件为计算机使用提供最基本的功能，并不针对某一特定应用领域。操作系统和一系列基本的工具均属于系统软件，如 Windows 系列、Linux、

Mac OS、Unix 及文件系统管理、驱动管理、数据库管理等。应用软件是指根据用户和所服务的领域提供不同功能的软件，它是为某种特定的用途而开发的。应用软件可以是一个特定的程序，如视频或音乐播放器，可以是一组功能联系紧密、互相协作的程序集合，如办公软件 WPS、Word、Excel、Powerpoint 等，还可以是一个由众多独立程序组成的庞大软件系统，如数据库管理系统。

4. 控制技术

控制技术是人的效应器官的延长，主要作用是根据输入的指令（决策信息）对外部事物的运动状态实施干预，是信息使用的技术，是信息过程的最后环节。它包括伺服控制技术、自动控制技术、调控技术、显示技术等，目的是更好地应用信息，使信息能够在改造自然的过程中发挥更大的作用。常见的应用有自动洗衣机、自动控制车床等。

综上所述，信息技术涵盖了软、硬件技术范畴，据此我们可以把它分为三个层次：第一层是硬件层，主要指存储、处理和传输数据的主机和网络通信设备；第二层是软件层，指可用来搜集、存储、检索、分析、应用、评估信息的各种软件，包括各种商用管理软件（如企业资源计划 ERP、客户关系管理 CRM、供应链管理 SCM 等软件）或辅助分析软件（如数据仓库和数据挖掘软件）等；第三层是应用层，指搜集、存储、检索、分析、应用、评估使用各种信息，包括应用 ERP、CRM、SCM 等软件直接辅助决策，也包括利用其他决策分析模型或借助 DW/DM 等技术手段来进一步提高分析的质量，辅助决策者作决策。有些人把前二层合二为一，统指信息的存储、处理和传输，后者则为信息的应用；也有人把后二层合二为一，则划分为前硬后软。通常第三层还没有得到足够的重视，但事实上却是唯有当信息得到有效应用时，IT 的价值才能得到充分发挥，也才真正实现了信息化的目标。

1.2.3 信息技术的发展

以 1946 年 2 月 14 日在美国宾夕法尼亚大学诞生的第一台电子计算机"埃尼阿克"为标志，计算机技术在几十年间先后历经了电子管时代、晶体管时代、集成电路时代和超大规模集成电路时代，在其自身快速发展的同时，也带动了一大批相关技术，如通信、网络、微电子、传感、控制等技术的巨大发展，从而使人类社会迈进信息时代，信息技术深度融入社会的方方面面之中。

信息技术应用的发展大致分为四个阶段：

（1）二十世纪六七十年代，由计算机替代手工劳动的自动化初级阶段。

（2）20世纪80年代，以计算分析处理、数据图形分析为主的办公自动化阶段。

（3）20世纪90年代开始，计算机技术、通信技术、感测技术和控制技术均取得突破性进展，进入网络时代。

（4）进入21世纪后，随着云计算和物联网技术的发展，迈向智能时代。

在信息技术发展的过程中，从初期以计算能力为主，过渡到以信息处理为核心的系统应用，通过网络提供各种服务，实现智能化环境。未来的信息技术，将朝着多元化、网络化、多媒体化、智能化和虚拟化的方向发展。

1.2.4　信息技术的应用

信息技术发展至今，已经渗透到经济生活的各个角落之中，对人类社会的发展产生了巨大而深刻的影响。人们通过使用计算机快速地处理各种信息，提高工作效率；通过网络方便快捷地获取和交流信息，极大地扩展了信息接触面；通过使用具有智能化特征的产品，提升了生活品质。总之，从政府的公共管理，到企业的产品设计、制造、运输仓储、销售、服务等各个环节，再到个人的通信和娱乐，都离不开信息技术。

1. 教育信息化

教育信息化是指在教育领域（教育管理、教育教学和教育科研）全面深入地运用现代信息技术来促进教育改革与发展的过程。现代信息技术的发展为我们的教育模式从传统的应试教育向素质教育转变提供了可能，信息技术应用于学校的行政、招生、培训、学籍、就业等管理中，促使学校管理向数字化和网络化的方向发展。

2. 管理信息化

在信息化的社会里，管理水平的高低已经成为现代企业在市场经济中竞争的最重要的因素。管理信息化在传统管理的基础上，利用信息技术进行管理和监督，帮助管理部门节省资源和提高工作效率。

3. 生产信息化

现代工厂、企业的生产越来越离不开信息技术，从新产品的设计、开发到产品的生产，从原材料的采购、进仓到半成品的管理、成本核算等也都越来越依赖于信息技术。信息技术应用于生产方面主要有计算机辅助设计、机器人等。

4. 电子商务

电子商务是指在互联网上以电子交易方式进行交易活动和相关服务的活动，是传统商业活动各环节的电子化、网络化。电子商务模式突破了时间、空间的限制，消费者可以通过网络在网上购物、网上支付，人们可以在家中处理业务。越来越多的在线付款方式在电子交易中使用，人们不再受限于物理现金的携带和使用。有理由相信，在21世纪，电子商务将逐渐成为社会生活的主要方式，也将成为数字化社会的基础。

5. 电子政务

运用计算机、通信等现代信息技术手段，实现政府组织结构和工作流程的优化重组，超越时间、空间和部门分隔的限制，建成一个精简、高效、廉洁、公平的政府运作模式，以便全方位地向社会提供优质、规范、透明、符合国际水准的管理与服务。其本质就是通过现代信息技术推进政务改革，不断提高政府的工作效率和综合效率，在政府与社会公众之间建立良性互动关系，塑造一个办事更有效率、服务更为周到的政府。

随着信息技术向高速度、大容量、智能化的趋势发展，云计算、大数据、物联网和移动互联网等新一代信息技术随之诞生，并在电子政务、教育、卫生、金融、电信、物流、能源和娱乐等领域逐步推广应用。云计算可以大规模提高计算能力，为用户节省成本，降低能源消耗，并提供快捷方便的服务；大数据可以帮助政府或企业在合理时间内撷取、管理、处理并整理海量数据，为制定政策或计划提供依据；物联网使我们把物体按约定的协议与互联网连接，并进行信息交换和通信，从而实现对物体的智能化识别、监控和管理。

信息技术日新月异，它在为各行各业提供服务的过程中，也为举办体育赛事提供了各种帮助。

1.3　体育赛事中的信息技术

随着信息技术的飞速发展，信息技术也越来越多地被应用到体育赛事中，为成功举办体育赛事提供了有力保障。国际奥委会主席罗格曾经讲过："如果没有信息技术的应用，奥运会就不可能成功举行。"体育赛事中信息技术的应用主要是围绕人员注册、竞赛编排、成绩记录和处理、赛事管理、媒体服务等方面。信息技术在体育赛事中的应用，可以有效提高赛事组织工作的效率和效益，也有助于提高裁判水平和体育比赛的公平性。目前，信息技术和竞赛组织成为举办重大体育赛事的两大核心内容。

1.3.1　信息技术在奥林匹克运动会中的应用

在百年奥运史中，广泛传播奥林匹克精神是奥运会始终不变的信念与目标，信息技术为实现这一目标发挥了越来越重要的作用。特别是 20 世纪 80 年代以来，奥运会在注册报名、计时记分、成绩管理等方面对信息技术的依赖性越来越强，信息技术已成为奥运会不可或缺的重要组成部分。

1912 年第 5 届瑞典斯德哥尔摩奥运会上，首次使用田径电动计时器和终点摄影设备进行成绩判断，极大地提高了成绩记录的准确度，减少了传统裁判方法容易出现的错误。

1924 年第 8 届法国巴黎奥运会上首次进行了无线广播直播。

1928 年第 9 届荷兰阿姆斯特丹奥运会，在决赛中开始运用摄影慢放技术判断电子设备显示成绩相同的比赛结果顺序。

1932 年第 10 届美国洛杉矶奥运会，使用的电子计时设备精确到 0.1 秒。

1936 年第 11 届德国柏林奥运会首次尝试进行电视实况转播。

1948 年第 14 届英国伦敦奥运会，开始使用电影摄录机来记录比赛过程，并利用慢放技术判断田径运动员到达终点时冲刺的顺序。

1952 年第 15 届芬兰赫尔辛基奥运会，出现了石英电子计时设备，把运动成绩精确到 0.01 秒。

1956 年第 16 届澳大利亚墨尔本奥运会，尝试对赛事实况进行电视转播。

1960 年第 17 届意大利罗马奥运会首次正式运用电视转播的形式。

1960 年第 8 届美国加利福尼亚冬奥会首次使用计算机穿孔卡来记录比赛结果。

1964 年第 18 届日本东京奥运会，在利用信息技术方面实现了两个首次：一是首次利用计算机存储比赛结果，标志着计算机技术开始进入奥运会；二是首次使用美国发射的"辛科姆"通信卫星，实现向全世界进行奥运会比赛电视实况转播。

1968 年第 19 届墨西哥城奥运会，首次使用了彩色电视技术，并使用了电子计时设备，比赛计时精确度达到 0.001 秒，故称此届奥运会是"跑表、皮尺时代的结束"。

1972 年第 20 届德国慕尼黑奥运会，电子设备的应用扩展到以记分为主的投掷和跳跃项目。

1976 年第 21 届加拿大蒙特利尔奥运会，观众已经能够在主体育场的巨型电子记分牌上看到运动员的成绩。

1980 年第 22 届苏联莫斯科奥运会，通过电视实况转播观看奥运会的观众人数已超过了全世界人口的一半。

1984 年第 23 届美国洛杉矶奥运会，以光纤通信网、信息系统集成等先进技术为支撑的电子信息服务系统首次进入奥运会，标志着现代信息技术开始大规模应用于奥运会中。这届奥运会采用信息系统完成竞赛的组织编排、数据处理、资料存储、报表打印等工作，大大提高了管理效率和决策水平，并取得了良好的效果。此后，通信系统和信息系统被国际奥委会列为申奥国家的必备条件。此外，计算机技术被广泛应用于计时记分系统中：计时设备由计算机和红外光电传感器协同完成，计时精度达到 0.001 秒；在记分方面也引进并开发了一系列软硬件。

1988 年第 24 届韩国汉城奥运会，从赛前组织管理，到赛时计时记分、成绩处理和发布等都开始大规模运用计算机技术，如电视评论员在监视器上能够得到计时记分设备提供的数据信息。汉城奥运会有一显著特点，就是在通信系统方面主要选用本国的技术和生产商，这极大地促进了韩国民族信息通信业的发展。

1992 年第 25 届西班牙巴塞罗那奥运会，在信息技术运用方面实现了几个首次：首次建立局域网，把管理系统、计时记分设备、成绩发布系统等连为一体。首次推出可满足一切项目的计时测速和记分需要的"全能运动操作系统"，通过网络将原来分散在赛场上的电子计时、光电测距和自动记分等装置有机地连接在一起协同工作。首次使用比赛组织管理系统。首次使用高清晰电视系统，建立体育评论员系统，实现现场即时报道。实行计时记分系统与电视视频系统的联结，现场观众与电视观众几乎可以同时接收到比赛的最新消息。建立功能强大的信息网络系统 AMIC，为组委会工作人员、各参赛队伍及媒体工作者提供广泛的信息服务查询。在这届奥运会上，法国源讯公司（Atos Origin）开始为奥运会提供 IT 服务。

1996 年第 26 届美国亚特兰大奥运会，开始引进、应用广域互联网，主要呈现出以下几个特点：一是首次使用了以网络计算机为支撑的比赛组织管理系统。二是首次建立奥委会官方网站，使分布在全球各地的民众均能通过网站了解奥运会，实现因特网与奥运会的第一次"联姻"。三是首次采用包括电子身份证和身份识别系统的电子身份鉴别技术。电子身份证上记录着持有者的指纹信息，而作为门禁的身份识别系统能够读取该信息，并与事先存储在数据库中的人员信息进行核对。电子身份鉴别技术提高了竞赛的安全性，同时大幅度地节省了安全保卫人员的投入。四是采用了全套的 IBM 计算机信息系统，处理和发布体育赛事信息。系统共有 80 台 AS－400 计算机服务器以及数千台计算机。所有计算机系统均能与网络、数据库通信，及时处理比赛信息并实时发布比赛结果和赛事新闻。五是大量使用各种电子化、信息化的赛场仪器。如英国名将克里斯蒂因两次抢跑而被取消了男子 100m 决赛资格，他第 2 次起跑只抢了 0.015s，靠人的视力根本无法判断，而电子传感器就充当了铁面无私的电子裁判。

2000 年第 27 届澳大利亚悉尼奥运会，信息技术得到全面应用。悉尼奥运会共有三套核心系统：奥运信息检索系统、奥运竞赛结果系统和奥运管理系统。利用这三套系统实现对参会人员在住宿、交通、票务、医疗、安全保卫、安全事件跟踪，以及身份鉴定、运动进程监控等方面的有效管理。悉尼奥运会充分利用互联网的优势，为所有参会人员和广大来宾、观众提供大量充满个性的信息服务。INFO2000 软件可以使用户通过在奥运村与赛场的 2000 余台工作站和电子信息亭获得相关信息。组委会还开发了运动员冲浪和旅游点的电子虚拟世界信息服务业务。官方网站提供高动态、多语种的信息服务，该网站页面点击总次数高达 113 亿。悉尼奥运会从大会的管理到竞赛，从裁判到通信、信息咨询，几乎无处不是依靠计算机技术进行高效率工作，因此这届奥运堪称历年来最"e"化的奥运会。

2004 年第 28 届希腊雅典奥运会，秉承了悉尼奥运会的成功做法，应用了大量的数字信息技术。其中一些有别于以往的数字信息技术，包括：①安保、监控技术保证奥运会的安全。由于受美国"9·11"事件的影响，雅典奥运会在安全方面启用了人类体育竞技历史上最为昂贵的安保系统"C4I"。设在各地的传感器将采集的大量多媒体数据传给专业服务器，经处理后只将可疑数据提供安保人员分析，提醒安保人员酌情处置。借助千兆宽带网，数千台电脑终端，1 千多个监视摄像机、报警器、传感器，雅典奥运会打造了一张高科技的安全网络。

"C4I"系统体现了高度智能化、自动化的网络科技发展趋势。②无线数据通信让公众享受到了信息的便捷。高端无线网络技术在雅典奥运会得到广泛应用，这种专用于奥运会的无线宽带系统被称为"无线奥林匹克工程"（WOW）。无线网络涵盖了移动电话、智能电话、车载系统、PDA终端等。使用者可以从公共WAP网站获得信息，发送e-mail，或者交换文件，强大的功能和移动通信的便利使得移动装置成为一些奥运会赛场工作人员的理想工具。③第一次启用多个3G网络，在主赛区3G网络覆盖率达到100%。④在电视转播方面，应用了大规模环绕声转播新技术，数字电视为观众提供人性化选择，互联网上的转播节目方便网民选择感兴趣的比赛观看。⑤利用欧洲空间局"奥林匹克瞬间"计划，为奥运会提供卫星定位导航服务（也称"位置服务"），加强了雅典奥运会期间的信息服务、安全保卫和交通等方面的工作能力。现代信息技术的综合运用，保证了雅典奥运会从安全检查、信息通信到其他各环节的顺利进行。雅典奥运会初步演绎了"数字奥运"模式。

2004年1月，兼并其他企业后的源讯公司与国际奥委会签署世界体育史上最大的IT合同，成为奥运会全球信息技术合作伙伴。根据合同，源讯公司全面负责2004年雅典奥运会以及2006年都灵冬奥会、2008年北京奥运会、2010年温哥华冬奥会、2012年伦敦奥运会关键信息系统的开发、运行和安全保障。这些系统主要包括：核心赛事管理系统中的制证管理、工作人员管理、医疗服务、运动项目和运动员资格管理系统；信息发布系统，以收集赛事信息，并通过内部网和互联网将其改善使它们方便各新闻机构和赛事解说员使用；运行管理系统，负责赛前的中央运营管理、技术指挥中心管理，以及负责协调竞赛场馆与技术支持中心的工作；信息安全系统。2010年广州亚运会也是使用由源讯公司提供的信息系统。

2008年第29届北京奥运会。在信息技术的推动下，北京奥运会倡导的"人文奥运""科技奥运""绿色奥运"三大理念得到精彩诠释。"科技奥运"是指充分运用现代信息技术，建设各种必要的信息基础设施和信息应用系统，开发各种与奥运会相关的信息资源，营造良好的信息化环境，为各相关组织和个人提供优质的信息服务。"科技奥运"涉及网络、信息系统、数据存储、多媒体、信息安全等信息技术领域。"科技奥运"具有更快、更方便、更准确、更安全的特点。更快，是指大量地用宽带网、多媒体、高清晰度的技术进行传播；更方便，就是要智能化，包括信息发布的智能化、交通管理的智能化、会务管理的智能化等；更准确，包括比赛的时间、比赛的地理位置、比赛的进展情况要非常准确、非常及时地报道出去，想查的信息立刻就能查到；更安全，包括一些安全保卫、身份认证等。

信息技术的应用对成功举办北京奥运会起到了很大的帮助。北京奥运会的管理和后勤等工作启用大量计算机管理系统和现代通信系统，各种管理信息系统也应用于交通、比赛、训练、安保、住宿等方方面面。主要的信息管理系统如表1-2所示。

表1-2　北京奥运会主要信息管理系统

序号	主系统	子系统	功能
1	奥运咨询检索系统	资料收集系统	收集运动员资料
		资料检索系统	为奥运村及比赛场地的使用者通过公共终端提供所需资讯
		电子邮件系统	为奥运参与人员在赛会筹办和举办期间提供电子邮件服务
2	奥运竞赛结果处理系统	记分板系统	通过场地结果应用软件服务器，把选手名单、比赛进展、最终成绩传送到比赛场地的记分板
		评论员咨询系统	评论员可在广播室中通过工作站快速取得比赛结果、日程安排等资料
		电视荧屏显示	传送各比赛场地的最新资讯
		WNPA分类	将比赛结果汇总并传送到全球新闻媒体机构服务器
		印刷分送	传送、打印比赛资料

（续上表）

序号	主系统	子系统	功能
3	奥运综合管理系统	网上注册系统	完成奥运会中各类人员的报名注册工作
		奥运卡制作及管理系统	制作及管理各类人员身份证明卡
		数字化安保系统	保障参会人员的安全
		网络化医疗保健服务系统	保障参会人员的健康
		紧急处置系统	提供各种应急指挥服务
		票务订购系统	处理参会人员和观众的门票等的订购和邮寄事务，动态协调票务销售事宜
		智能交通管理系统	负责车辆调度管理
		物资配送信息系统	管理物流配送信息
		信息安全保障系统	确保各信息管理系统以及相关工作站、网站等的正常运行及安全

据北京奥组委主席刘淇说，北京奥运会创造了奥运会历史上多项"第一次"：第一次推出远程评论员信息系统；第一次提供稳定可靠的无线局域网服务，可访问互联网和INFO2008；第一次提供全部场馆通用的IC卡宽带接入互联网服务；第一次连续3年（包括筹备阶段）保持网络正常访问率达到99.99%，并提供中文、英文、法文、西班牙文和阿拉伯文5种语言的官方网站；第一次通过数字电视的方式提供全网广播电视节目服务；第一次向奥运有线电视专网提供高清数字电视服务和比赛视频点播服务。

除此之外，信息技术在其他领域也有很多应用，譬如奥运会的GPS交通车辆定位系统，可对数千台相关车辆进行监控；RFID（射频识别）技术除应用于电子票、电子证外，还在奥运食品安全保障体系中扮演着重要角色，实现了奥运会食品从原产地到餐桌的全程监控。

为保障北京奥运会能顺利举办，北京奥运会共使用了 1.2 万台桌面计算机、1 000 多台服务器、近 3 000 台网络设备。参与信息、通信系统建设、运行的合同商共有 60 余家，整个信息技术团队约 8 000 工作人员和 2 000 多名技术志愿者。国际奥委会主席罗格在与信息技术团队交流时说道：“北京奥运会的技术保障非常出色。”

信息技术为北京奥运会提供了强大的支持平台，北京奥运会成为多项领先信息技术成果展示的盛会。

2012 年英国伦敦奥运会，继续选择西班牙源讯公司的信息管理系统来为赛会提供服务。与北京奥运会相比，伴随着移动互联网的发展、社交媒体的兴起以及黑客攻击手段的增多，伦敦奥运会在信息技术使用方面更加注重安全性。所有 IT 基础设施设计及选型重点放在可靠性上，选择比较成熟的技术而不是冒险去展示尖端技术；所有系统的设计、部署、控制与管理最后都指向一个目标：安全。

与往届相比，伦敦奥运会在信息技术应用方面亦有所创新：官方网站采用了开源技术和外部 CDN 来帮助缓解网站的压力；首次向公众提供 WI – FI；首次对比赛进行 3D 直播；移动互联网和移动设备将奥运会带到更远的地方；社交媒体如火如荼地发展并为观众提供与运动员互动的机会；田径运动员赛跑时的反应时间将通过测量起跑器后踏板受力的方式得出。

1.3.2　信息技术在其他国际体育赛事中的应用

1998 年在法国举办的第 16 届世界杯足球赛，主要使用了两项信息技术：一是采用电子身份鉴别技术；二是采用了 EDS 公司提供的 World Cup On Line 信息系统。该系统除了通过互联网提供门票发售、赛事、住宿、交通和天气等信息外，还推出网上赛事商场，提供竞赛纪念品、吉祥物等的网上订购、配送等服务。

2002 年由日本和韩国联合举办的第 17 届世界杯足球赛，构建和使用了世界最大的语音和数据融合网络，并在世界杯历史上首次提供了无线局域网接入。体育记者只要在笔记本电脑中插入无线网卡，就可以随时随地联入因特网发送新闻消息。

1.3.3　信息技术在国内体育赛事中的应用

1983 年上海第 5 届全运会。开始在赛事管理信息化方面进行尝试与探索，首次在国内大型体育赛事中使用计算机记录成绩。

1987 年广州第 6 届全运会。首次采用计算机系统实现人员注册与赛事编排，以用于竞赛成绩的综合处理和信息的内部发布。此后，配用信息系统便成为国内承办综合运动会的要求。

1993 年北京第 7 届全运会。除了采用计算机技术进行人员注册与赛事编排外，还普遍采用了光纤通信等先进技术。

1997 年上海第 8 届全运会。使用的网络系统结构特点是规模大、功能全、技术新、水平高，以及具有很大的伸缩性。整个网络系统共有 28 个局域网，其中有 14 个成绩处理网、14 个信息查询网，24 个远程工作站连接了信息系统的 500 多台计算机、50 多台服务器。

2001 年广州第 9 届全运会。与历届全运会相比，此次建立在系统宽带信息网络基础上的全运会信息服务系统更大、更新、更全面。该信息服务系统由 1 000M 网络实时监控、指挥调度、远程报名注册、网上多媒体和现场成绩处理等多个子系统构成。多媒体技术的广泛运用，使全运会的信息服务做到了图文并茂、声像合一。

2005 年江苏第 10 届全运会。此届全运会的信息技术系统是历届全运会中规模最大的。信息技术系统主要由互联网远程注册系统、计时记分系统、现场成绩处理系统、综合成绩处理系统、信息查询系统、网络工程系统、场馆比赛监控系统、网络视频会议系统、有线和无线通信保障系统等组成。该系统从总体设计、建设开发、联调合练到正式运转，用了两年多的时间，投入了 700 多人的技术力量，仪器设备有几千台（套）。该系统覆盖了以南京为主赛区的江苏省多个城市的54 个比赛场馆。

2009 年山东第 11 届全运会。计算机网络、信息技术得到进一步拓展，所有比赛不论在何时何地结束，都能通过网络传输比赛信息，并通过互联网查到比赛结果。其赛事综合信息系统涵盖全省 17 个地市、62 个比赛场馆，不仅为全运会视频会议，场馆监控，电视转播，赛事信息的采集、处理、统计和发布各单项赛事信息等专业业务应用系统提供了承载服务，而且为所有比赛数据信息的收集、整理和发布提供了传输服务。所有运动场馆都实现了 3G 技术的全面覆盖，为观众带来了前所未有的体验，真正让观众随时随地、安全、快捷地获取个性化的信息服务。

1990 年北京第 11 届亚运会，由我国自行设计、研制并保驾运行的"第 11 届亚运会电子信息服务系统"为大会组委会提供了快速、准确、全方位的信息管理与服务，满足了赛事管理、指挥调度、赛事组织、赛程编排、裁判仲裁、成绩处理、成绩发布、新闻宣传、安全保卫、交通运输、团队接待、人员注册、食宿安排、参观游览等工作的需求，使此届亚运会获得了极大的成功。

2011 年浙江第 8 届全国残疾人运动会。竞赛综合信息系统的服务运作流程经历人员注册、现场成绩处理、综合成绩处理与竞赛信息发布 4 个过程。

2013 天津第 6 届东亚运动会。组委会根据比赛项目多、竞赛场馆分布广、赛会信息数据规模大等特点，重点抓好数据专网和竞赛信息系统建设。东亚运动会的基础网络和通信系统，充分利用了天津市的通信资源，建设出数据通信专用骨干网。专网采用基于 SDH 的多业务传送平台连接全市各比赛场馆，物理上以基础骨干网、地区城域网、场馆局域网组成三级网络体系结构。整个专网依托于天津市环城网络，大幅提升了网络的安全性、冗余性，并大大降低了以往赛事单独架设光缆连接各个场馆的成本。此外，还采用 3G VPDN 技术对赛事专用网络进行备份，确保能在专网出现故障的情况下高速、安全、稳定地传输比赛信息数据。竞赛信息系统是综合运动会信息技术系统的核心系统，它以竞赛信息服务为主要线索，为竞赛管理、赛事编排、比赛进程控制、成绩处理、信息发布等各个环节，提供高效和稳定的应用服务。其主要功能是完成运动会的竞赛报名、计时记分、成绩处理和信息发布等工作，包括接受竞赛报名信息、规划运动会规模、定义比赛项目、编排竞赛日程、统筹竞赛计划、采集与处理成绩信息、生成各类竞赛报表、发布运动会的相关信息等。

目前，信息技术越来越广泛地被应用于各种体育赛事之中，特别是大型综合性体育赛事更是离不开信息技术的支持。随着信息技术的不断创新发展，体育赛事与信息技术的融合也不断加深，体育赛事由于信息技术的支撑更彰显魅力，信息技术借助体育赛事使得其应用空间得以扩展。

2 计算机及网络基础知识

2.1 计算机基础知识

在当今信息时代，信息技术已经被广泛应用于社会的各个领域，人们在日常生活、工作及休闲娱乐中都离不开信息技术。掌握基本的信息技术知识，是在竞争激烈的社会中安身立命的必备技能，也是对每位参与体育赛事组织工作者的基本要求。信息技术的内容十分广泛，举办体育赛事涉及方方面面的信息技术知识。本章主要介绍计算机软硬件基础知识、网络基础知识和多媒体基础知识。

2.1.1 计算机发展的代表性人物及简史

计算机是 20 世纪科学技术最重大的发明之一。计算机的出现，为人类发展科学技术、创造文化提供了极其先进的工具，对人类社会的生产方式、生活方式、工作方式以及学习方式产生了极其深刻的影响。

1. 计算机发展的代表性人物

自从 20 世纪 40 年代第一台计算机（埃尼阿克，ENIAC）在美国诞生以来，众多科学家都为计算机的发展做出了不懈努力和巨大贡献，英国科学家图灵和美籍匈牙利人冯·诺依曼便是其中的代表性人物，他们为现代计算机科学奠定了理论基础。

（1）图灵（1912—1954 年）。图灵是英国数学家、逻辑学家和电子工程专家，他对现代计算机的主要贡献有两个：一是建立了图灵机理论模型。二是提出了定义机器智能的图灵测试。

为纪念图灵所做出的贡献，美国计算机协会于 1966 年设立了图灵奖。图灵奖是计算机学术界的最高成就奖，有"计算机界诺贝尔奖"之称。

（2）冯·诺依曼（1903—1957 年）。冯·诺依曼是计算机体系结构的奠基人，被人们尊称为"现代计算机之父"。他的主要贡献是提出了"存储程序"：

①采用二进制数的形式表示数据和指令；

②将数据和指令同时存放在存储器中；

③计算机由控制器、运算器、存储器、输入设备、输出设备五大部分组成。

时至今日，遍布世界各地大大小小的计算机都仍然遵循着冯·诺依曼的计算机基本结构，统称为"冯·诺依曼机器"。

2. 计算机的发展简史

随着计算机的不断发展和创新，人们根据组成计算机电子器件的不同，将其发展大致分为四个阶段，如表 2 - 1 所示。

表 2 - 1　计算机发展的四个阶段

	起止年代	主要元件	特点与应用领域
第一代	1946 年至 20 世纪 50 年代中	电子管	体积巨大，运算速度较低，耗电量大，存储容量小；主要用来进行科学计算
第二代	20 世纪 50 年代中至 20 世纪 60 年代中	晶体管	体积减小，耗电较少，运算速度较高，价格下降；不仅用于科学计算，还用于数据处理和事务管理，并逐渐用于工业控制
第三代	20 世纪 60 年代中至 20 世纪 70 年代初	中、小规模集成电路	体积、功耗进一步减少，可靠性和运算速度进一步提高；应用领域进一步拓展到文字处理、企业管理、自动控制、城市交通管理等方面
第四代	20 世纪 70 年代初至今	大规模和超大规模集成电路	性能大幅度提高，价格大幅度下降，广泛应用于社会生活的各个方面，进入办公室和家庭；在办公室自动化、电子编辑排版、数据库管理、图像识别、语音识别、专家系统等领域中大显身手

3. 我国计算机发展概况

（1）1956 年开始研制计算机。

（2）1958 年研制出第一台电子管计算机。

（3）1964 年研制成功晶体管计算机。

（4）1971 年研制成功集成电路计算机。

（5）1983 年研制成功"银河Ⅰ"巨型机，运算速度每秒 1 亿次。

（6）1997 年研制成功"银河Ⅲ"巨型机，运算速度每秒 130 亿次。

（7）2001 年研制成功"曙光 3000"巨型机，运算速度每秒 4 032 亿次。

（8）2010 年 11 月 14 日，全球超级计算机前 500 强排行榜，中国首台千万亿次超级计算机"天河一号"雄居第一。

（9）2013 年下半年在广州超级计算中心投入运行的"天河二号"超级计算机，2013 年和 2014 年连续两年占据全球超级计算机 500 强排行榜榜首。

4. 计算机的发展趋势

（1）巨型化。体现一个国家的综合科技实力和计算机的技术水平。

（2）微型化。拓展计算机的应用领域，推进计算机的普及。

（3）网络化。方便快捷，实现信息交流和资源共享。

（4）多媒体化。提供有声有色、图文并茂的信息环境。

（5）智能化。模拟人的思维过程。

（6）非冯·诺依曼体系结构的计算机。如神经网络计算机、DNA 计算机、光子计算机等。

2.1.2　计算机系统的组成

一个完整的计算机系统是由硬件系统和软件系统两大部分组成的，它们的组成关系与结构如图 2 - 1 所示。

```
                                        ┌ 运算器
                    ┌ 中央处理器（CPU）┤
                    │                   └ 控制器
              ┌ 主机┤          ┌ 随机存储器（RAM）
              │     │ 内存    ┤
              │     │          └ 只读存储器（ROM）
              │     └ I/O 设备接口
      ┌ 硬件系统┤
      │       │                    ┌ 磁盘（硬盘、U 盘）
      │       │          ┌ 外部存储器┤ 光盘（DVD、VCD）
      │       │          │          └ 磁带机
      │       └ 外部设备┤
      │                  │ 输入设备
计算机系统┤                  └ 输出设备
      │                    ┌ 操作系统
      │                    │ 语言处理系统
      │          ┌ 系统软件┤ 数据库管理系统
      │          │         │ 服务程序
      └ 软件系统┤
                 │          ┌ 应用软件包
                 └ 应用软件┤
                            └ 用户程序
```

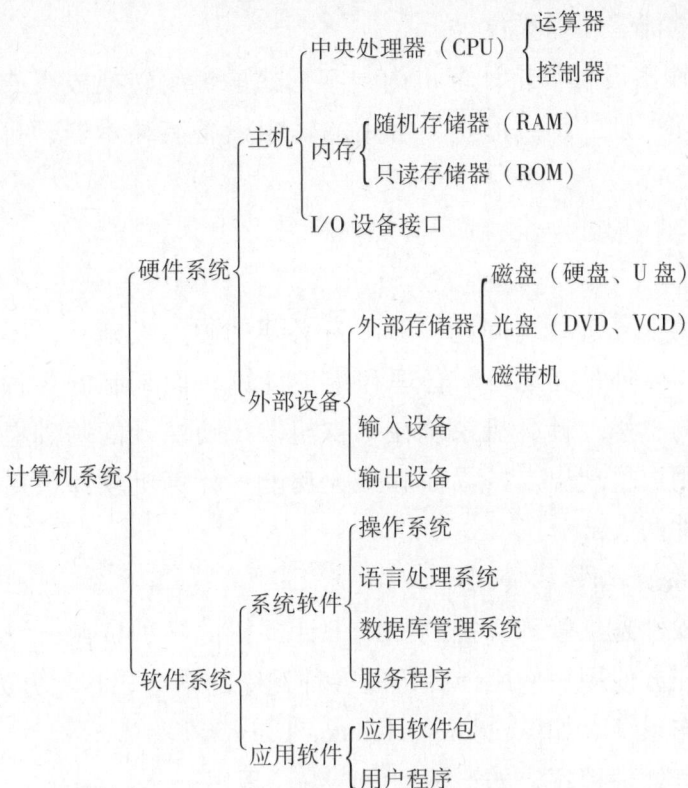

图 2-1　计算机系统的组成

1. 硬件系统

　　硬件是组成计算机系统的各种物理器件的总称，是计算机系统的物质基础。计算机硬件系统由运算器、控制器、存储器、输入设备、输出设备组成。

　　（1）运算器：负责数据的算术、逻辑运算，以及比较、移位等操作。

　　（2）存储器：用来存储程序和数据。运算之前接受输入设备送来的信息。运算过程中为其他部件提供信息。保存中间结果和最终结果。

　　（3）控制器：计算机的控制中心，是实现"程序控制"的主要部件。它从存储器中逐条取指令，分析指令规定的操作、所需数据等，再按分析结果向各部分发控制信号，统一指挥计算机完成操作。

　　（4）输入设备：将数字、文字、图像等转换为计算机能识别的二进制编码，并输入计算机存储起来，以便加工处理。常用的输入设备

29

有键盘、鼠标器、扫描仪等。

（5）输出设备：将计算机内数字形式的编码转换成人或其他设备能够接收和识别的信息形式。常用的输出设备有显示器、打印机、绘图仪等。

2. 软件系统

要使用计算机处理问题，除配备必要的硬件设施外，还必须有软件的支持。软件是为运行、管理和维护计算机而编制的各种程序、数据和文档的总称。计算机系统在"裸机"（硬件）的基础上，通过层层软件向用户呈现出友好界面和强大功能。计算机软件包括系统软件和应用软件两大部分。

（1）系统软件。

系统软件是指管理、控制和维护计算机的各种资源，以及扩大计算机功能和方便用户使用计算机的各种程序的集合。它又分为：

①操作系统，如 Windows、Linux、Unix 等。

②语言处理程序，如汇编程序、编译程序。

③数据库管理系统，如 SQL Server、Oracle 等。

④服务程序，如故障诊断程序、调试程序、连接程序等。

（2）应用软件。

应用软件是用户可以使用的各种程序设计语言，以及用各种程序设计语言编制的应用程序的集合，分为应用软件包和用户程序。常用的应用软件有：

①办公软件，如 WPS、Word、Excel、Powerpoint 等。

②计算机辅助设计软件，如 CAD、CAI、CAT、CAM 等。

③管理信息系统（MIS），如办公自动化系统（OA）、企业资源计划系统（ERP）、体育赛事管理系统等。

④图形图像处理软件，如 Photoshop、Flash、Premiere 等。

硬件是软件建立和依托的基础，软件是计算机系统的灵魂，硬件和软件相互结合构成一个完整的计算机系统。

2.2 多媒体基础知识

2.2.1 多媒体的基本概念

多媒体技术是在世纪之交迅速发展起来的热点技术，它的出现极大地改变了人们的生活方式。进入 20 世纪 90 年代，信息技术迅速发展，高清晰度电视、录像机、高速通信网络和计算机技术进一步融合，使多媒体技术成为继印刷术、电报、电话、广播、电视、计算机之后，人类处理信息手段的新的里程碑。体育赛事中信息的收集、处理、发布等环节，离不开多媒体技术的支持。媒体工作者利用多媒体技术采集各种素材并进行编辑等后期制作，为观众呈现精彩纷呈的比赛视频或图片，这极大地提升了体育比赛的魅力，扩大了体育赛事的影响力。

1. 媒体及分类

媒体通常是指承载信息的载体。媒体的表现形式有文本、声音、图形、图像、动画、视频等。国际电报电话咨询委员会（CCITT）对媒体作了如下的分类：

（1）感觉媒体：指直接作用于人的感觉器官，使人产生直接感觉的媒体。如引起听觉反应的声音、引起视觉反应的图像等。

（2）表示媒体：指传输感觉媒体的中介媒体，即用于数据交换的编码。如图像编码（JPEG、MPEG 等）、文本编码（ASCII、GB2312 等）和声音编码等。

（3）表现媒体：指进行信息输入和输出的媒体。如键盘、鼠标、扫描仪、话筒、摄像机等为输入媒体；显示器、打印机、喇叭等为输出媒体。

（4）存储媒体：指用于存储表示媒体的物理介质。如硬盘、U 盘、光盘、ROM 及 RAM 等。

（5）传输媒体：指数据传输系统中在发送器和接收器之间的物理通路。如电缆、光缆等。

2. 多媒体及特点

多媒体（Multimedia）通常指两种或两种以上感觉媒体的组合。多媒体的主要元素有文本、图形和静态图像、视频、音频、动画、超文本。与传统媒体相比，多媒体具有以下特点：

（1）集成性：一方面，多媒体技术将多种性质不同的媒体有机地组合成完整的、具有较高交互性能的多媒体信息；另一方面，多媒体技术把不同的媒体设备集成在一起形成多媒体系统。

（2）实时性：当用户给出操作命令时，相应的多媒体信息都能够得到实时控制。尤其是多媒体信息中的音频、视频信息是与时间密切相关的，这就要求多媒体技术能支持实时处理。如播放视频时不应出现画面停顿现象。

（3）交互性：交互性是多媒体有别于传统信息交流媒体的主要特点之一。在多媒体系统中，媒体的综合处理操作要求整个软硬件系统都能实时响应。多媒体交互作用有初级、中级、高级三个层次。

（4）数字化：多媒体技术将各种媒体信息全部数字化，从而在进行存储、加工、处理、传输的过程中克服了用模拟方式存储与传播时出现的信号衰减，噪音干扰大，在复制中会误差积累，很难实现高质量的音频、视频传输等弱点，实现了媒体信息的高质量存储与传播。

2.2.2 多媒体技术及关键技术

在信息技术领域，多媒体技术通常指多媒体计算机技术，是将多种媒体组合在一起，实现信息的加工、处理、存储、传播的技术。现在一般特指使用计算机技术、网络技术等将音频、视频、图像等媒体信息集成到同一数字环境中，是多种学科、多种技术交叉的全新技术。

要使多媒体系统能交互地综合处理和传输数字化的声音、文字、图像信息，实现面向三维图形、立体声音、彩色全屏幕运动画面的技术处理和传播的效果，它的关键技术是要进行数据压缩、数据解压缩、生产专用芯片，解决大容量信息存储等问题。

1. 视频、音频数据压缩/解压缩技术

由于图像、声音等媒体数据量非常大，在传输速度和存储空间等方面存在诸多困难，因此须对多媒体信息进行实时压缩和解压缩。目前的压缩技术日趋成熟，已经产生各种各样针对不同用途的压缩算法、压缩手段和实现这些算法的大规模集成电路和计算机软件，可将字符数据量压缩到原来的 1/2 左右，语音数据量压缩到原来的 1/10，图像数据量压缩到原来的 1/60。

2. 多媒体专用芯片技术

要实现音频、视频信号的处理、播放、压缩和解压缩等，需要较快的运算和处理速度，只有采用专用芯片，才能取得满意的效果。这些高档的多媒体专用芯片，不仅大大提高了音频、视频信号处理速度，而且在音频、视频数据编码时可增加特技效果。

3. 大容量信息存储技术

多媒体的音频、视频、图像等信息虽经过压缩处理，但仍然需要相当大的存储空间。多媒体以磁盘和光盘为主要存储介质。固定存储设备一般是磁盘阵列存储柜或光盘存储柜；文件较小时可使用 U 盘，携带方便；若综合方便性及存储空间大小两方面来考虑，目前的移动硬盘容量已达到 T 等级，成为人们日常装载多媒体文件的首选；光盘在交换性、数据保存寿命、成本等方面具有明显的优势，而且可用于多媒体信息和软件的发行。

4. 多媒体输入/输出技术

多媒体输入/输出技术包括媒体变换技术、媒体识别技术、媒体理解技术和综合技术。媒体变换技术是指改变媒体的表现形式，如当前广泛使用的视频卡、音频卡（声卡）都属媒体变换设备。媒体识别技术是对信息进行一对一的映像过程。例如，语音识别是将语音映像为一串字、词或句子；触摸屏是根据触摸屏上的位置识别其操作要求。媒体理解技术是对信息进行更进一步的分析处理和理解信息内容，如自然语言理解、图像理解、模式识别等技术。媒体综合技术是把低维信息表示映像成高维的模式空间的过程，例如，语音合成器就可以把语音的内部表示综合为声音输出。前两种技术相对比较成熟，应用较广泛，而媒体理解和综合技术目前还不成熟，只用在某些特定场合。

5. 多媒体软件技术

多媒体软件技术主要包括多媒体操作系统、多媒体素材采集与制作技术、多媒体编辑与创作技术、多媒体应用程序开发技术、多媒体数据库管理技术等。多媒体技术需要同时处理图像、声音和文字，其中图像和声音还要求同步实时处理，视频更新画面的速度也比较快，因此需要能对多媒体信息进行实时处理的操作系统的支持。多媒体编辑创作软件又称多媒体创作工具，是多媒体专业人员在多媒体操作系统上开发的，供应用领域的专业人员组织编排多媒体数据，并把它们连接成完整的多媒体应用系统的工具。

6. 多媒体通信技术

多媒体通信技术包含语音压缩、图像压缩及多媒体的混合传输技术。多媒体通信要求能够综合地传输、交换各种信息类型，而不同的信息呈现出不同的特征。例如，视频和语音有较强的适应性要求，它不能容忍任何延迟，但容许出现某些文字的错误。而对于数据来说，则可容忍延迟，但不能有错，因为即便是一个字节的错误都会改变数据的意义。

7. 虚拟现实技术

虚拟现实技术是用计算机生成现实世界的技术。利用虚拟现实技术生成的一个逼真的视觉、听觉、触觉及嗅觉等的感觉世界，用户可以用人的自然技能对这个生成的虚拟实体进行交互考察。虚拟现实的本质是人与计算机之间进行交流的方法，它以其更加高级的集成性和交互性，给用户以十分逼真的体验，因此可以被广泛应用于模拟训练、科学可视化等领域，如飞机驾驶训练、分子结构世界、宇宙作战游戏等。

2.2.3 多媒体技术的应用

近年来，多媒体技术得到迅速发展，多媒体计算机具有快速综合处理文本、图形、图像、声音和视频的能力，可以为人们呈现形象、丰富且友好的图、文、声、像信息界面和方便的交互性，多媒体技术在教育、娱乐、体育等领域得到广泛的应用。

1. 教育

多媒体具有图文并茂、丰富多彩的界面，以及即时反应的人机交互方式，既可为教育者创设多种教学方法和手段提供技术支持，也使学习者可按自己的学习兴趣、爱好和需要选择学习内容和方式，从而调动起自己的学习主动性和积极性，提高学习的效果。目前，人们利用多媒体技术直接创建了种类繁多、数量浩大的多媒体课件和电子期刊、电子图书等电子资源，并通过网络提供大量公开课、微课或慕课等广受欢迎的课程。

2. 娱乐

多媒体的特点使其成为设计和制作各种娱乐音像制品的必然选择。绚丽多彩的画面、极具冲击力的视觉和听觉效果，使多媒体在音乐、影视、游戏等娱乐作品的创作过程中具有得天独厚的优势，设计、录制、编辑、播放等过程都离不开多媒体技术的应用。

3. 体育

历史资料的收录、比赛过程的录播、精美图片的处理、精彩片段的剪辑……体育领域中多媒体技术的应用无处不在。多媒体技术使人们能欣赏到无数力与美的画面和激动人心的赛事，充分展示出体育独特的魅力。

2.3 网络基础知识

2.3.1 计算机网络的定义

电话、电报等通信技术的发展比世界上第一台计算机"埃尼阿克"的诞生（1946 年）要早很长时间。在相当长的一段时间中，计算机技术与通信技术之间并没有直接联系，两者处于各自独立发展的阶段。当这两种技术都发展到一定程度，社会上出现了新的需求时，人们就会产生将这两种技术交叉融合的想法。计算机网络就是计算机技术与通信技术高度发展交叉融合的产物。

目前，关于计算机网络的精确定义并未统一。关于计算机网络最简单的定义是将若干台计算机用一定的方式连接起来所组成的系统。

最简单的计算机网络是用一条链路将两台计算机连接在一起，即两个结点和一条链路。

比较普遍采用的一种定义是：计算机网络是将地理上分散的多台独立的计算机，按照约定的通信协议，通过软硬件互连，以实现交互通信、资源共享、信息交换、协同工作以及在线处理等功能的系统。

2.3.2 计算机网络的分类

根据不同的分类方法，计算机网络有多种类别。如有按拓扑结构分类，有按网络的规模大小、距离远近分类，有按服务对象分类……无论用哪种方法分类，对网络本身是没有意义的，只是在不同的场景下对网络进行分类更加有利于人们对网络的研究及应用。下面对几种常用的分类作简单介绍。

1. 按照网络的规模大小进行分类

（1）局域网（Local Area Network，LAN）。局域网也称局部网，是计算机通信的一种形式。局域网一般用微型计算机或工作站通过调整通信线路相连（速率通常在 10Mb/s 以上），但地理上则局限在较小的范围（一般在 1km 左右，最大不超过 10km）。现在的局域网一般采用以太网技术，一个典型的计算机局域网基本组成包括服务器、工作站、打印机和各种通信设备及其他配件。一个学校或企业的内部网络就是一个或多个互连的局域网，体育场（馆）的网络也是一个或多个互连的局域网。

（2）城域网（Metropolitan Area Network，MAN）。城域网也称区域网，比局域网要大一些。城域网通常是覆盖一个地区或一个城市，作用距离为 10km～50km。城域网可以为一个或几个单位所拥有，也可以是一种公用设施，用来将多个局域网进行互连。如在一场大型体育赛事中，把所有举办赛事的体育场馆的局域网进行连接，就变成一个城域网。目前，很多城域网采用的是以太网技术，因此城域网有时也常纳入局域网的范围进行讨论，但它对硬件和软件的要求比局域网高，这样才能有效地覆盖更大的地域范围，不论网点设在何处，都能保证信息共享。

（3）广域网（Wide Area Network，WAN）。广域网的作用范围通常为几十到几千千米，因而有时也称为远程网。广域网是因特网的核心部分，其任务是长距离运送主机所发送的数据。连接广域网各结点交换机的链路一般都是高速链路，具有较大的通信容量。

（4）个人区域网（Personal Area Network，PAN）。个人区域网就是在个人工作或生活的地方，把属于个人使用的电子设备（如笔记本电脑、平板电脑或智能手机）用无线技术连接起来的网络，因此也常称为无线个人区域网（Wireless PAN，WPAN），其范围在 10m～100m。现在家庭或办公室通过无线路由器架设的 WI-FI，就是个人区域网。

2. 按网络的使用者进行分类

（1）公用网（Public Network，即人们常说的"公网"），是指由电信运营商出资建造的大型网络。"公用"的意思就是所有愿意按电信运营商的规定交费的人或单位都可以使用这种网络。因此公用网也可称为公众网，如 ChinaNet。普通家庭和企业多是通过连接公用网来享用网络资源或开展业务的。

（2）专用网（Private Network）是某个部门、行业为各自的特殊业务工作需要而建造的网络。例如，政府系统的政务专网，军队建设的军用专网，教育系统的教育网，其他如公安、银行、铁路、电力等系统均有本系统的专用网，这种网络不向外人提供服务。举办重要体育赛事时常常需要铺设专用网来为赛事服务。

公用网和专用网都可以传送多种业务。

2.3.3 计算机网络的发展

1. 世界计算机网络的发展

第一代网络大约产生于 1954 年，最初是以单台计算机为中心的远程机系统。这是一种面向终端的网络，用户端不具备数据存储和处理能力。

第二代网络以美国的 ARPA 网投入运行为标志。在这个网络中，用户不仅可以共享主机的资源，而且还可以共享网络中其他用户的软、硬件资源。ARPA 网是 Internet（因特网，后面作专门介绍）的前身，其中的一些运行方式一直延续到现在。

第三代网络出现在 20 世纪 70 年代，它可以将不同厂家生产的计算机互联成网。国际标准化组织于 1977 年开放了系统互联参考模型 OSI，为网络技术的发展开创了一个新纪元。现在的网络都是以 OSI 为标准进行工作的。

第四代网络产生于 20 世纪 90 年代，随着数字通信和多媒体技术的产生和发展，网络也开始向综合化和高速化发展。人们可以将多种业务，如数据、图像等以二进制代码的数字形式综合到一个网络中来进行传送。

2. 计算机网络在我国的发展

我国最早的专用计算机广域网是铁道部于 1980 年开始建设的。1989 年 11 月我国第一个公用分组交换网 CNPAC 建成并开始运行。在 20 世纪 80 年代后期，公安、银行、军队以及其他一些部门相继建立了各自的专用计算机广域网。从 20 世纪 80 年代起，国内的许多单位也相继安装了大量的局域网，对各行各业的管理现代化和办公自动化起到了积极的作用。

1994 年 4 月 20 日，我国用 64kb/s 专线正式连入因特网。从此，我国被国际上正式承认为接入因特网的国家。同年 5 月，中国科学院高能物理研究所设立了我国第一个万维网服务器。同年 9 月，中国公用计算机互联网 ChinaNet 正式启动。随后，我国陆续建造了基于因特网技术并可以和因特网互联的多个全国范围的公用计算机网络。在电信行业经过数次重组后，到目前为止，为单位和家庭提供互联网接入服务规模较大的运营商分别是中国电信、中国联通、中国移动，其中中国电信负责建造和管理的中国公用计算机互联网 ChinaNet，规模最大。

另一个重要的网络是中国教育和科研计算机网 CerNet，简称中国教育网，它是由国家投资建设，教育部负责管理，清华大学等高等学校负责运行的全国性学术计算机互联网络，中国大部分的高校和部分中小学校都接入了教育网。除此之外，政府、军队、公安、金融等行业都建有自己的专用网络。

世界上最大的计算机网络是因特网，它的基础结构大体上经历了三个阶段的演进历程。

第一阶段是从 1969 年美国国防部创建的单个网络 ApraNet 向互联网发展的过程。ApraNet 最初都是计算机直接与附近的交换机相连，组成一个单个的分组交换网，并没有形成一个互连的网络。到了 20 世纪 70 年代中期，人们已认识到不可能仅使用一个单独的网络来满足所有的通信问题。于是美国国防部开始研究多种网络的技术，这就导致后来互联网的出现。这样的互联网成为现在因特网的雏形。

第二阶段的特点是建成了三级结构的因特网。从 1985 年起，美国国家科学基金会（NSF）建设了三级结构的国家科学基金网 NsfNet，分为主干网、地区网和校园网（或企业网）。这个网络覆盖了全美国主要的大学和研究所，成为因特网的主要组成部分。后来，随着使用范围的不断扩大，世界上的许多单位和企业纷纷接入因特网，导致因特网的容量满足不了需要。于是美国政府将因特网的主干网转交给私人公司经营，并开始对接入因特网的用户收费。

第三阶段的特点是逐渐形成了多层次 ISP 结构的因特网。ISP（Internet Service Provider）即因特网服务提供者，是一个进行商业活动的公司，也称为电信运营商。中国电信、中国联通、中国移动是目前我国主要的 ISP，除此之外，还有许多规模大小不一的 ISP。现在的因特网是由全球无数大大小小的 ISP 所共同拥有。人们常说的"上网"就是指通过某个 ISP 接入因特网。

2.3.4　计算机网络的组成

如图 2 - 2 所示，一个完整的计算机网络包括硬件系统和软件系统两部分。下面介绍组建一个局域网常用的网络设备和网络软件。

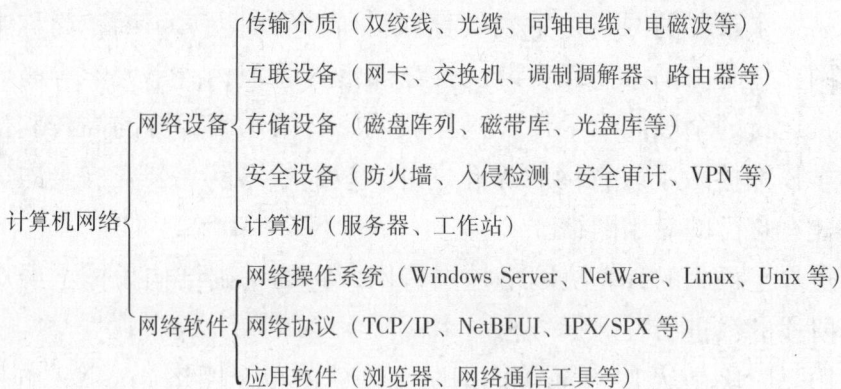

```
                    ┌ 传输介质（双绞线、光缆、同轴电缆、电磁波等）
                    │ 互联设备（网卡、交换机、调制调解器、路由器等）
              网络设备│ 存储设备（磁盘阵列、磁带库、光盘库等）
                    │ 安全设备（防火墙、入侵检测、安全审计、VPN 等）
   计算机网络         └ 计算机（服务器、工作站）
                    ┌ 网络操作系统（Windows Server、NetWare、Linux、Unix 等）
              网络软件│ 网络协议（TCP/IP、NetBEUI、IPX/SPX 等）
                    └ 应用软件（浏览器、网络通信工具等）
```

图 2 - 2　计算机网络的组成

1. 传输介质

计算机网络中的设备之间是通过传输介质来连接与通信的，传输介质起连接设备和传输信号的作用。目前计算机网络中常见的传输介质有双绞线、光缆、电磁波和同轴电缆等。

（1）双绞线。

双绞线是计算机网络综合布线工程中最常用的一种传输介质，可以传输数字信号和模拟信号。把两根具有绝缘保护层的铜导线按一定密度互相缠绕在一起，这样可互相抵消导线在传输中辐射的电波。如图2 - 3所示，双绞线就是把 4 对（8 根）这样的铜导线放在一个绝缘套管，并按照规定的密度相互缠绕组成。

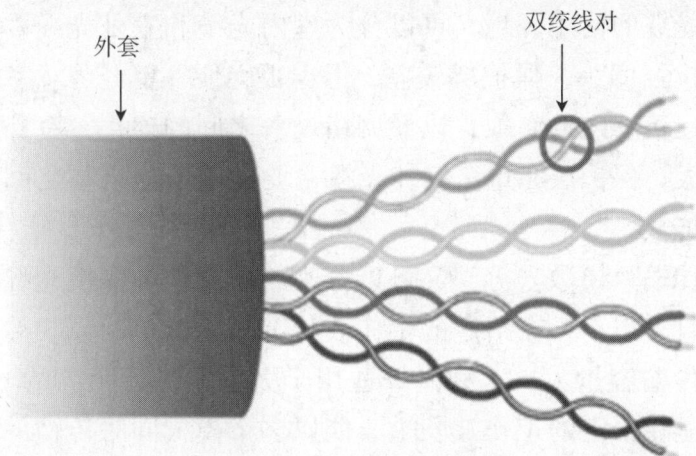

图 2-3　双绞线图示

按照电缆是否有屏蔽层，可分为屏蔽双绞线和非屏蔽双绞线。按照电气性能的不同，又可将双绞线分成一类至七类。电缆级别越高，带宽和衰减、串扰、信噪比等主要技术性能就越高。表 2-2 是计算机网络中常用的几类双绞线的最大传输速率与有效传输距离。

表 2-2　双绞线的最大传输速率与有效传输距离

双绞线型号	最大传输速率（Mbps）	有效传输距离（m）
超五类	100	100
六类	1 000	100
七类	10 000	100

基于成本和施工便利性等因素考虑，目前最常用的是超五类非屏蔽双绞线，其次是六类非屏蔽双绞线，七类双绞线属于屏蔽线，适合在特殊场合中使用。

（2）光缆。

光缆由成束的光纤组成，外面设有保护壳，中间有抗拉线。光纤一般采用石英玻璃丝为介质，使用光信号进行传输，因此信息在传输过程中不会受电磁干扰的影响，功率损失少、传输衰减小、保密性强，并有极大的传输带宽。光缆被广泛应用于远距离网络及核心网络的连接。

根据光缆的使用环境，可以分为室内光缆和室外光缆两种。室内光缆的抗拉强度小，保护层较差，但也更轻便、更经济。室内光缆主要适用于建筑物内的布线，以及网络设备之间的连接。室外光缆的抗拉强度较大，保护层厚重。室外光缆主要适用于建筑物之间、远程网络之间的连接。

根据传输点模数来分，又可以分为单模光纤和多模光纤。单模光纤的纤芯直径很小，在给定的工作波长上只能以单一模式传输，传输频带宽，传输容量大。这种光纤适用于大容量、长距离的光纤通信。多模光纤是在给定的工作波长上，能以多个模式同时传输的光纤。与单模光纤相比，多模光纤的传输容量小、频带窄，散射较大，但成本更低。这种光纤适用于短距离的光纤通信。

（3）电磁波。

电磁波是无线网络传输信息的载体。近几年，随着无线通信技术的快速发展，人们通过移动终端使用无线网络已成为普遍现象。无线网络是今后网络发展的主要方向。

2. 互联设备

随着网络的应用越来越广泛，为了在更大范围内实现相互通信和资源共享，网络之间的互联便成为一种信息快速传达的最好方式。网络互联时，必须要解决如何在物理上把两种网络连接起来，譬如：一种网络如何与另一种网络实现互访与通信？如何解决它们之间协议方面的差别？如何处理速率与带宽的差别？网卡、调制解调器、网桥、路由器、交换机和网关等就是用于解决这些问题的网络互联设备。下面简要介绍常见的网卡、调制解调器、路由器和交换机。

（1）网卡。

网卡也称为网络适配器，是计算机与网络连接的接口。因此要上网的计算机都要安装网卡，并安装相关的驱动程序。个人使用的普通计算机的网卡一般是集成到主板上，也可使用独立网卡。如有必要，一台计算机可以安装两块或多块网卡。网卡主要的作用是将计算机要发送或接收的数据进行处理，以适应网络或计算机关于数据格式的要求。

（2）调制解调器。

调制解调器（即 Modem），人们常称之为"猫"，是计算机与电话线之间进行信号转换的装置。由于计算机内的信息是由"0"和"1"组成的数字信号，而电话线只能传递模拟信号，所以当计算机与电话线之间进行数据传输时，就把数字信号转换为模拟信号（调制），或把模拟信号转换为数字信号（解调），调制解调器就负责完成数字模拟信号之间的转换工作。家庭如果采用电话线上网，就须通过调制解调器来进行入户连接。

（3）路由器。

路由器用来将多个网络连接在一起，智能选择数据传输的路径，起到"向导"的作用。路由器实际是一种专用计算机，它主要有两个作用：一是用于连接不同类型的网络；二是用于隔离广播域，避免广播风暴。无论是局域网之间的连接，还是局域网接入因特网，都离不开路由器。

（4）交换机。

交换机是使计算机能够相互高速通信的独享带宽的网络设备，是整个网络的核心设备，绝大多数的网络都离不开交换机。交换机的种类繁多，拥有的性能高低和端口数量不一，可以适应不同的工作环境和任务。由交换机构建的交换式网络拥有极高的传输速率，非常适合数据量大、通信频繁的网络，因此被广泛应用于各种类型的多媒体和数据传输网络。作为高性能的交换设备，随着价格的降低，交换机已基本取代集线器。除了低端交换机外，大部分交换机（三层交换机）都具有路由功能。

3．计算机

（1）服务器。

服务器用于向用户提供各种网络服务，如文件服务、Web 服务、FTP 服务、电子邮件服务、流媒体播放服务、数据库服务等。服务器能在网络中提供哪些服务，完全是由服务器安装的应用软件所决定。

（2）工作站。

工作站是网络中享有服务，并用于直接完成某种工作和任务的计算机。工作站使用客户端软件与服务器建立连接，将用户的请求定向传送到服务器，共享服务器能提供各种资源和服务。

4. 网络软件

网络中的硬件设备要正常运行，需要网络操作系统和网络协议、应用软件的支持。操作系统支持并控制着硬件设备的操作，同时为其他应用软件提供一个运行平台，网络协议则支持不同网络或设备的信息交换。

（1）网络操作系统。

网络操作系统是网络用户与计算机网络之间的接口，是计算机网络中管理一台或多台主机的软硬件资源、支持网络通信、提供网络服务的程序集合。网络操作系统除了实现单机操作系统全部功能外，还具备管理网络中的共享资源、实现用户通信以及方便用户使用网络等功能。计算机网络中常用的操作系统有 Unix、NetWare、Linux 以及微软公司的 Windows 系列。

网络操作系统是整个网络的灵魂，是服务器和应用程序运行的基础，用来为各种应用软件的运行提供所需的环境。网络操作系统决定了网络的功能，以及不同网络的应用领域及方向。

（2）网络协议。

网络协议是构成网络的基本组件之一，是网络中所有设备通信时所必须遵守的一种规则，用来协调不同的网络设备间的信息交换。犹如不同国家使用不同语言的人在交流时，需要使用相同的语言一样，不同的网络设备要实现通信，也需要使用相同的"语言"，这种"语言"就是网络协议。网络协议有很多，如 TCP/IP、NetBEUI、IPX/SPX、SMTP、HTTP、WAP 等。其中 TCP/IP 协议的应用最为广泛，几乎所有的计算机网络都要用到该协议。

（3）应用软件。

操作系统是网络中各种服务得以运行的平台，但要实现网络服务和功能，还必须安装和运行相应的应用程序。例如浏览器、网络通信工具、收发电子邮件的 Outlook、各种在线视频播放器等。

2.3.5 计算机网络的主要指标

这里简单介绍涉及计算机网络性能的几个主要指标，包括性能指标和非性能指标。这些指标对计算机网络的性能有很大影响，是建设和维护计算机网络必须考虑的因素。

1. 速率

速率是计算机网络中最重要的一个性能指标，指的是连接在计算机网络上的主机在数字信道上传送数据的速率，也称为数据率（data rate）或比特率（bit rate）。速率的单位是 b/s（或 bit/s，有时也写成 bps，读作"比特每秒"）。描述速率的单位还有 kbps、Mbps、Gbps、Tbps，它们之间的关系为：

$$1\,\text{Tbps} = 10^3\,\text{Gbps} = 10^6\,\text{Mbps} = 10^9\,\text{kbps} = 10^{12}\,\text{bps}$$

平时人们在提到网络的速率时，往往会省略单位中的 bps（即 b/s），例如速率为 100Mb/s 的以太网，一般就说 100M 的以太网。

2. 带宽

在计算机网络中，带宽是指网络通信线路传送数据的能力，表示在单位时间内从网络中的某一点到另一点所能通过的"最高数据率"。带宽的单位与速率单位相同，基本单位也是 b/s（比特每秒）。一条通信链路的"带宽"越宽，表示其所能传输的"最高数据率"越高。

3. 吞吐量

吞吐量是指在单位时间内通过某个网络（或信道、接口）的数据量。吞吐量受网络的速率或带宽限制，常用于对网络的测量，以便知道实际上有多少数据量能够通过网络。

4. 时延

时延也称延迟或迟延，是指数据从网络的一端传送到另一端所需的时间。计算机网络中的时延是由发送时延、传播时延、处理时延和排除时延几部分组成，即数据在网络中经历的总时延是以上四种时延之和：

$$总时延 = 发送时延 + 传播时延 + 处理时延 + 排除时延$$

一般来说，时延越小，网络传送数据的性能越高。

5. 利用率

网络利用率是指在特定时间段所使用的带宽的测量值。利用率通常以容量的百分比来指明。例如，某个局域网网段的利用率是 50%，表明该网络用户使用了网络容量的 50%。使用网络监测工具可以测量出一段时间内的网络利用率并算出平均值。

6. 费用

在规划设计阶段，应首先明确网络建设的总体目标，选择采用的网络技术和网络标准，细化建设内容后，计算出所需的建设成本。计算机网络设备性能越好，技术越先进，成本就越高。因此硬件建设不要单纯追求最先进、前沿的技术，可根据实际需要适度超前来考虑设备要选的型号，以避免不必要的浪费；软件建设就注重系统的稳定性，在满足功能使用的前提下力求使用方便。此外，网络设计人员不仅要考虑网络实施的成本，还要考虑网络运行成本。

7. 质量

网络的质量取决于网络中所有构件的质量，以及这些构件是怎样组成网络的。网络的质量影响到很多方面，如网络的可靠性、网络管理的简易性，以及网络的一些性能。但网络的性能与网络的质量并不是一回事。例如，有些性能不错的网络，运行一段时间后就出现故障，无法再继续工作，说明其质量不好。高质量的网络往往成本价格也较高。

8. 可靠性

近年来，随着计算机网络技术的迅猛发展，计算机网络连接的区域和规模在急剧扩展，人们对计算机网络的依赖性也越来越大。计算机网络的可靠性成为衡量计算机网络综合性能的一项关键技术指标。计算机网络的可靠性包括连通性、生存性、抗破坏性和计算机网络部件在多模式下工作的有效性。影响计算机网络可靠性的因素主要有网络拓扑结构、网络设备和网络管理。优化网络层次体系结构设计、容错性设计、双网络冗余设计和加强管理维护对提高网络可靠性是较为有效的方案。

9. 可扩展性

计算机网络系统是一个不断发展的系统，因此在构造网络时就应当考虑到今后可能需要扩展和升级。良好的可扩展性，能够方便地扩展网络覆盖范围，扩大网络容量，提高网络的各层次节点的功能，具备支持多种通信媒体、多种物理接口的能力，提供技术升级、设备更新的灵活性。

10. 可管理性

网络如果没有良好的管理和维护，就很难达到和保持所设计的性能。在网络的设计中，应制订全面的网络管理解决方案。采用智能化、可管理的网络设备，以及先进的网络管理软件，实现监控、监测整个网络的运行状态，合理分配网络资源，动态配置网络负载，快速确定网络故障等。通过先进的管理策略，可提高网络运行的可靠性，简化网络的维护工作。

2.3.6 网络拓扑结构

网络拓扑是指网络中各节点间相互连接的方式和方法。在组建局域网之前，必须先规划好网络结构并画出拓扑图，就如同建筑物施工之前必须先设计好建筑结构蓝图一样。拓扑图会给出网络服务器、工作站的网络配置和相互间的连接。网络拓扑结构有很多种，主要有星型结构、树型结构、总线型结构和网状结构等。其中星型结构是如今最常用的拓扑结构。

1. 星型结构

星型结构是指各工作站分别通过一根电缆（如双绞线）连接到中央集线设备（如中央交换机）实现彼此之间的通信。如图2-4所示，在这种网络结构中，所有的工作站都直接与中央集线设备相连，如计算机直接与交换机连接，任一台计算机与另一台计算机进行通信时，都必须通过交换机。因此，在星型结构网络中，可以在中央节点设置控制策略，即可实现由一个站点控制整个网络，极大地方便了网络的管理。目前大部分的网络都采用星型结构，或者采用由星形结构延伸出来的树状结构。

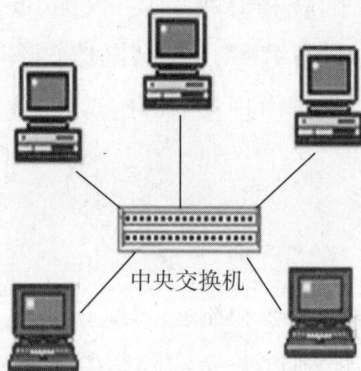

图2-4　星型结构

（1）星型结构的优点。

①易于诊断故障。集线设备居于网络的中央，非常易于诊断和定位故障。通常可通过集线设备内置的LED指示灯判断每个端口的连接状态。

②网络稳定性好。网络中任一工作站发生故障通常不会影响其他工作站，非常适用于对安全性和稳定性要求较高的网络。

③易于隔离故障。当发现某个设备出现问题时，只需将其连接网线从集线设备相应端口拔出即可，不会影响网络中的其他设备。

④易于网络的扩展。无论是添加还是删除一个节点，只需插上或拔下一个网线插头即可。当一台集线设备的端口不够用时，可以采用级联或堆叠的方式，成倍地增加可供连接的端口。

⑤易于提高网络传输速率。由于计算机与集线设备之间分别通过各自独立的电缆连接，因此，多台计算机之间可以同时进行通信而互不干扰，从而提高网络传输效率。

（2）星型结构的缺点。

①费用高。由于网络中的每个工作站都是用单独的电缆进行连接，并且需要中央集线设备，因此工程布线的成本比较高。

②依赖中央节点。由于网络中的所有工作站都是从中央节点辐射出来，因此整个网络能否正常运行，很大程度上取决于位于中央的集线设备，一旦集线设备出现故障，该段网络将立即陷于瘫痪。

虽然星型结构具有一定的缺点，但凭借其灵活方便和稳定性高的优点，还是成为当前最受欢迎的网络结构，被广泛应用于各种规模和类型的局域网。

2．树型结构

树型结构的开关像一棵倒置的树，顶端是树根，树根以下是分支，每个分支还可有子分支。具体到一个网络中，即核心交换机作为根，骨干交换机作为主干，工作组交换机作为枝，普通计算机作为叶，如图 2 - 5 所示。树型结构在大中型网络中应用较多，整个网络分为三层：核心层、汇聚层和接入层。接入层的工作组交换机用于连接普通计算机，汇聚层用于连接接入层的工作组交换机，核心层用于连接汇聚层的骨干交换机。每一层都是一个星型结构，都有一个中央节点，但从整个网络来看，所有网络节点呈树状排列。

（1）树型结构的优点。

①易于扩展。这种结构可以延伸出很多分支和子分支，这些新节点和新分支都能容易加入网内。

②故障隔离容易。如果某一分支的节点或线路发生故障，很容易将故障分支与整个系统隔离。

（2）树型结构的缺点。

各个节点对根的依赖性太大，如果根发生故障，则全网不能正常工作。从这一点来看，树型结构的可靠性与星型结构的相似。

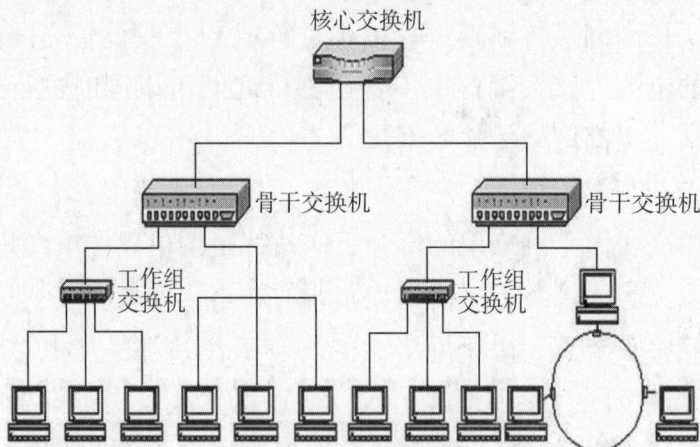

图2-5　树型结构

3. 网状结构

在网状结构中，任何一个节点都通过电缆与其他节点进行连接，从而构成节点间的冗余连接，如图2-6所示。在这种网络中，当其中的一两条线路或中间节点发生故障时，还可以通过许多其他的路径进行通信，从而维持网络的正常运行。虽然网状网络的可靠性高、容错能力强，但因其安装过程中的布线复杂、成本高昂，因此单独使用并不经济，人们常常将它与其他拓扑结构混合使用。

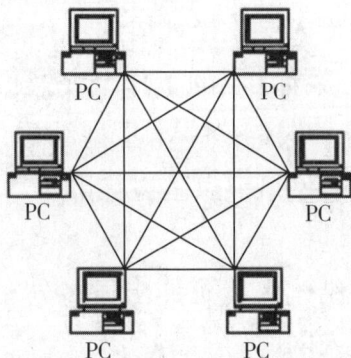

图2-6　网状结构

4. 总线型结构

如图 2 - 7 所示，总线型结构中的所有工作站都串接在一条电缆上，因此每增加一个新的工作站，就会降低网络的传输性能，并且任何一个节点发生故障，都可能导致整个网络瘫痪，所以现在已经很少使用这种拓扑结构了。

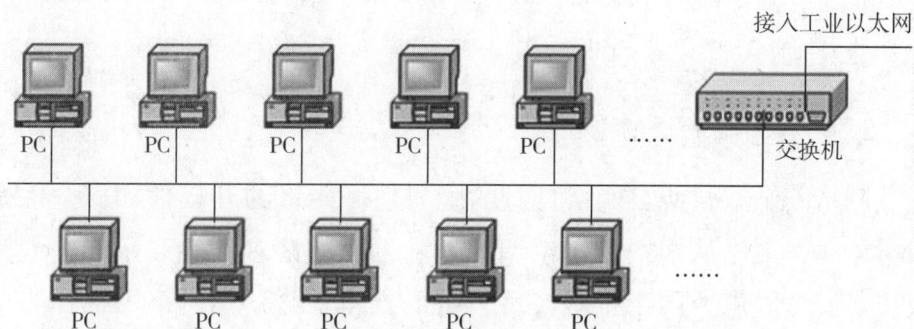

图 2 - 7　总线型结构

2.3.7　网络安全

随着计算机网络的发展，网络安全问题也日趋严重，网络上的信息安全问题直接关系到社会的稳定和国家安全。世界上每年因利用计算机网络进行犯罪所造成的经济损失难以估量。我国也发生了多起影响较大的利用计算机网络进行犯罪的案件，给国家、企业和个人造成了重大的经济损失和危害。总之，网络安全是一个关系国家安全和主权、社会的稳定、民族文化的继承和发扬的重要问题。为此，我国于2014 年 2 月成立了以习近平总书记为组长的中央网络安全和信息化领导小组，这充分体现了网络安全的重要性。

1. 什么是网络安全

所谓网络安全是指网络系统的硬件、软件及其系统中的数据受到可靠的保护，不因偶然的或者恶意的原因而遭到破坏、更改、泄露，系统连续可靠正常地运行，网络服务不中断。从技术角度看，网络信息安全是一个涉及计算机科学、网络技术、通信技术、密码技术、信息安全技术、应用数学、信息论等多种学科的综合性学科。从广义来说，凡是涉及网络上信息的保密性、完整性、可用性、真实性和可控性的相关技术和理论都是网络安全的研究领域。从用户（个人、企事业单位等）的角度来说，他们希望涉及个人隐私或商业利益的信息在网络上传输时能得到保护，避免其他人或对手利用窃听、冒充、篡改、抵赖等手段对用户的利益和隐私造成损害和侵犯，同时也希望当用户的信息保存在某个计算机系统上时，不受其他非法用户的非授权访问和破坏。

2. 网络面临的威胁

网络安全威胁源自网络自身的脆弱性。网络的开放性和安全性是一对矛盾，无法从根本上予以调和。基于网络诸多已知和未知的人为或技术安全隐患，网络很难实现自身的根本安全。当网络不仅作为信息传递的平台和工具，而且担当起控制系统的中枢的责任时，运行于网络平台的各种应用和服务，也必然处于相应的威胁中。

计算机网络面临的威胁多种多样，概括起来主要有以下几类：

（1）内部泄密和破坏。

内部人员可能对信息网络形成的威胁包括：内部泄密人员有意或无意泄密、更改记录信息；内部非授权人员有意偷窃机密信息、更改记录信息；内部人员破坏信息系统等。

（2）窃听。

攻击者通过监视网络数据获得敏感信息，从而导致信息泄密。这种方式是过去军事对抗、政治对抗和当今经济对抗中最常采用的窃密方式，也是一种针对计算机通信网的被动攻击方式，它不破坏传输信息的内容，不易被察觉。恶意攻击者往往以此为基础，再利用其他工具进行更具破坏性的攻击。

（3）非法访问。

非法访问是指未经授权使用信息资源或以未授权的方式使用信息资源，它包括：非法用户（通常称为黑客）进入网络或系统进行违法操作；合法用户以未授权的方式进行操作。

（4）破坏信息的完整性。

网络攻击者可能从以下三个方面破坏信息的完整性：①篡改：改变信息流的次序、时序、流向，更改信息的内容和形式；②删除：删除某个消息或消息的某些部分；③插入：在消息中插入一些信息，让接收方读不懂或收到错误的信息。

（5）网络软件的漏洞和"后门"。

网络软件不可能是毫无缺陷和没有漏洞的。这些缺陷和漏洞恰恰是黑客进行攻击的首选目标。软件的"后门"一般是软件开发人员为了方便或者不为人知的目的而设置的，一般外界并不知晓，但是一旦"后门"被打开，该软件的用户就会处于十分危险的境地，其后果不堪设想。

（6）破坏系统的可用性。

网络攻击者可能从以下几个方面破坏计算机通信网的可用性：使合法用户不能正常访问网络资源；使有严格时间要求的服务不能及时得到响应；摧毁系统等。

（7）抵赖。

可能出现的抵赖行为包括：发送信息者事后否认曾经发送过某条消息；发送信息者事后否认曾经发送过某条消息的内容；接收信息者事后否认曾经收到过某条消息；接收信息者事后否认曾经收到过某条消息的内容。

（8）其他威胁。

对计算机通信网的威胁还包括计算机病毒入侵、电磁泄漏、各种灾害、操作失误等。

3. 网络安全的目标

网络安全包括两个层次的含义：一是网络系统数据与信息的安全与保密；二是网络系统自身的安全。网络安全的最终目标是要保证数据和信息的安全，网络自身的安全是为数据和信息安全服务。

网络系统的安全性主要体现在以下几个方面：

（1）保密性：网络信息的内容不会被未授权的第三方所知。

（2）完整性：网络信息在存储或传输时不被修改、破坏，不出现信息包的丢失、乱序等。

（3）可用性：包括对静态信息的可得到和可操作性及对动态信息内容的可见性。网络环境下拒绝服务、破坏网络和有关系统的正常运行等属于对可用性的攻击。

（4）真实性：即网络信息的可信度，主要是指对信息所有者或发送者身份的确认。

（5）可控性：对信息的传播及内容具有控制能力，包括信息加密密钥不可丢失（不是泄密），存储节点、磁盘信息载体不被盗用等。

4. 网络的安全设备

恶意用户或软件通过网络对计算机系统的入侵或攻击是当今计算机安全所面临的最严重威胁之一，使用网络安全设备能在一定程度上增加网络服务的运行安全，降低网络受到入侵或攻击时遭受的损失。下面介绍几种常用的网络安全设备。

（1）防火墙。

防火墙一般放置在两个网络通信之间的检查点，如处于内部网络和外部网络之间，把两个网络隔离开来，既可抵御外网非法用户的入侵或攻击，也可防止内网信息的外泄。简单来说，防火墙相当于过滤塞，按照预告设定的规则允许或拒绝另一个网络的用户访问，放行或阻挡信息在两个网络之间的传输。防火墙是硬件、软件和安全策略的集合，通过严格控制进出网络边界的分组，实现网络之间的访问控制，禁止或允许某些数据的通过，从而减少潜在的入侵或攻击行为的发生。但是，防火墙并不能阻止所有的入侵行为，因此往往在防火墙之后放置入侵检测系统作为第二道防线，对进入网络的数据进行深度分析与检测，在发现可疑行为时发出警报并采取相应措施。

（2）入侵检测系统。

入侵检测系统按照一定的安全策略，对网络活动进行实时监测。通过对计算机网络或计算机系统中若干关键点的监控，收集、分析数据包，当观察到可疑情况时自动报警。入侵检测系统往往与防火墙联动协同工作，当入侵检测系统发现疑似攻击事件时，就向防火墙发出相应的动态阻断策略，防火墙根据该动态策略中的设置进行阻断。

（3）虚拟专用网。

虚拟专用网（Virtual Private Networking，VPN）是一种远程访问技术，利用公用网络架设专用网络实现对内部网络的安全访问。当人们使用的各种应用系统日益增多时，能在不同的地理位置安全地访问、使用这些系统的迫切性也在增加。VPN 主要为用户利用公用网远程访问或使用内部资料和系统提供一条虚拟的安全专用线路。

5. 网络安全措施

计算机网络的安全措施一般分为 3 类：管理制度、物理手段和安全技术。

拥有网络安全意识是保证网络安全的重要前提，许多网络安全事件的发生都和缺乏安全防范意识有关。因此首先要充分认识到网络安全的重要性，在不同层面制定完善的政策和规章制度，认真执行落实到位。可在物理层面上，利用防火墙、入侵检测系统、安全审计系统、VPN、流量监控系统等保护网络关键设备，并采取防辐射、防火以及安装不间断电源（UPS）等措施保证网络运行的安全、稳定。在网络安全技术方面，可使用安全协议、密码技术、数字签名、存取控制策略等手段。

2.3.8 无线网络

无线网络是指不使用电缆，而是使用无线信号作为传输介质的网络。在无线技术诞生之初，因价格高、数据传输速率低和安全性较差等因素，发展比较缓慢。在进入 21 世纪后，随着技术的成熟，无线网络传输数据的速率得到大幅提高，甚至可媲美一般有线网络的传输速率，加上成本也大幅下降，因此，无线网络以其接入方式灵活便利的优点被广为接受，在实际生活中得到越来越多的应用。

1. 常见名词

下面简要介绍几个无线网络常用的名词或设备。

（1）WI‑FI。WI‑FI（Wireless‑Fidelity，中文意为"无线保真度"），是指使用 1997 年 IEEE 制定的无线局域网协议标准（802.11 协

议）所组建的网络。只要是经过 WI – FI 认证的产品，就能够确保相互之间的连接性，实现彼此之间的互联互通。家庭、办公室、商场、机场、酒店等公众场所，使用的都是有WI – FI 认证的无线网络。平常所说的WI – FI 已成为无线局域网的代名词。

（2）基站。指在一定的无线电覆盖区中，通过移动通信交换中心，与移动电话终端进行信息传递的无线电收发电台。移动通信（电话、上网等）质量的好坏，与通信基站的覆盖范围、信号强弱及信道使用情况等有关。

（3）AP。AP（Access Point，接入点）作用类似于有线网络中的集线设备，用来连接网络中的终端设备（如计算机、手机、PAD 等）。现实生活中，无线 AP 主要用于无线网络与有线网络的连接，终端设备通过无线 AP 连接有线网络，实现移动上网的目的。

（4）无线路由器。无线路由器是带有无线覆盖功能的路由器，可视作无线 AP 与宽带路由器的结合体，主要用于用户上网。家庭或办公室多使用无线路由器实现计算机或手机与互联网连接。多台终端设备可同时通过一台无线路由器上网，普通无线路由器最多可支持约20个设备同时在线使用。目前，功率较大的无线路由器在无障碍条件下信号覆盖半径可达 3km ～ 4km。

2. 无线网络分类

按照无线信号发射设施固定与否，无线网络可以分为固定设施无线网络和移动自组无线网络。

（1）固定设施无线网络。

固定设施无线网络是指预先建立起来、能够覆盖一定地理范围的一批固定基站。如人们日常使用的移动电话就是利用电信运营商预先建立的基站来进行连接的。家庭、办公室多是利用无线路由器或无线 AP 等固定设备提供无线网络信号，人们只要连接上信号就可使用网络。

（2）移动自组无线网络。

移动自组无线网络没有固定的基础设施，而是由一些处于平等状态的移动站点相互通信组成临时网络。这些移动站点都具有路由器功能，第一个移动站点要参与到网络中其他移动站点的路由的发现和维护，因此它的网络拓扑会随着移动站点位置的改变而变化。

受技术和成本等因素的制约，移动自组无线网络目前并没有得到普遍应用，但其具有不需要安装固定基础设施的特点，在军事领域有较好的应用前景。

3. 无线网络的应用

由于具有部署和使用灵活方便的特点，无线网的应用范围十分广泛。主要的应用有：

（1）互联网接入。

用户通过无线网络接入互联网，在移动的状态下也可获取或上传所需的信息，这是一般民众最常使用的功能。

（2）移动用户接入。

在有些网络环境中，用户的身份和位置并不固定，有线固定网络无法满足用户的需求。如在体育赛事中，工作人员或观众需要走动改变位置，此时就可使用无线网络来提供上网服务。

（3）难于布线的环境。

在一些环境中，很难进行有线网络的布线。如在体育场馆中，就无法通过传统的布线来为观众提供上网服务，此时无须到处布线的无线网络就显示出极大的优越性。

2.3.9 计算机网络的建设

一个完整的计算机网络系统包括网络中心机房、交换机、防火墙、服务器、计算机等硬件设备，以及网络管理系统等应用软件。要建设一个计算机网络，一般需遵循网络规划、网络设计、网络实施和网络验收这一流程。现只简单介绍网络规划和网络设计。

1. 网络规划

网络规划是网络建设的重要一环，规划的好坏直接影响网络性能的优劣。网络规划应在可行性分析和需求分析的基础上，经过充分的论证形成网络的总体方案。

（1）可行性分析。

可行性分析是在立项的前期，通过全面的调查研究，对项目的主要内容和配套条件进行分析论证，并对可能取得的经济效益和社会影响进行预测，从而提出该项目是否值得投资和如何进行建设，为项目奖惩提供依据的一种综合性分析方法。可行性分析通常处理两方面的问题：一是确定该项目在技术上能否实现；二是如何才能取得最佳效益。可行性分析一般包括政策可行性、市场可行性、技术可行性、管理可行性和财务可行性五个方面的内容。对于计算机网络工程，要考虑网络的规模大小、工期长短，以及资金到位情况、施工条件等因素。

（2）需求分析。

需求分析就是要明确用户组建网络的目的，充分了解用户的需求，最终编写出需求说明书。网络建设一般具有较明确的目标性。如校园网多是为学校的教学、管理、日常办公和内外交流等提供服务，体育场馆的网络除具备日常办公、内外交流等基本功能外，还需考虑为体育比赛等活动提供服务。计算机网络的用户需求书通常包括用户现状，存在的问题，建设的必要性，以及网络的环境、目标、功能、业务、规模、安全、管理等分析。

2. 网络设计

在确定立项之后，就要着手进行网络系统方案设计。好的设计方案，是一个优秀的网络系统工程的基础。网络设计应根据不同用户制订不同的解决方案，如举办不同层次、不同比赛项目的体育场馆，其网络设计方案也体现出或多或少的差异。因此在设计方案时，要根据项目建设目标做出准确的定位，并遵循业界公认的设计原则。在计算机网络设计时要考虑的五个原则是：实用性原则、先进性原则、安全性原则、经济性原则和可扩充性原则。

（1）实用性原则。应用是网络建设的最终目的，只有满足用户合理需求的网络才具有意义。因此，实用性是用户在设计计算机网络时首先要考虑的问题，强调设计目标和设计结果能满足需求并且行之有效。

（2）先进性原则。设计时要有超前的意识，充分采用先进成熟的网络技术，使用具有时代先进水平的计算机系统和网络设备。由于计算机网络设备的更新换代速度非常快，因此在设备选型方面要具有一定的前瞻性，确保网络在今后相当长一段时间都可用。先进性原则包括设计思想先进、软硬件设备先进、网络结构先进和开发工具先进。

（3）安全性原则。包括硬件安全、系统安全和信息安全三个方面。首先要确保硬件设备没有问题，才能使网络安全稳定地运行。其次，还要重视网络系统的安全，须安装防火墙和防病毒软件，防止黑客的入侵和病毒的干扰。最后且最重要的是要保障信息数据的安全，必须建立完善的安全管理体系，采取切实有效的管理措施，做好数据的备份工作，避免因各种突发事件导致的数据丢失或破坏所带来的损失。

（4）经济性原则。通过性能价格比较，选择优化的网络结构和网络技术，尽可能利用和保护原有的设备，在满足各种需要并具备必要的网络性能的前提下，做到从实际出发，制订经济、合理的方案，以最低的网络建设和网络维护成本建设一个可用性、安全性都高的计算机网络。

（5）可扩充性原则。使用符合标准的计算机网络更容易进行互联。因此，必须制定统一的网络体系结构，并遵循统一的通信协议标准。网络体系结构和通信协议应选用广泛使用的国际工业标准。此外，在设计时须考虑未来带宽扩容和网络规模扩大的需要，从网络和设备的配置上都要保留一定的扩充余地，以利于网络的扩展升级。

3　信息系统建设

3.1　信息系统概述

信息技术的发展和生活水平的提高，促使社会进入了以信息大爆炸为主要特征的信息时代。为充分利用和更好管理快速膨胀的各类信息，人们开发、使用各类繁多的信息系统。在体育赛事中，从运动员、官员和媒体的报名注册，到赛事的编排、成绩的录入、发布等环节，均可利用信息系统来管理，信息系统作为信息技术的主要应用已经渗入体育赛事中的各个环节。

3.1.1　数据与信息、系统的关系

要掌握信息系统的概念，首先要了解什么是数据、信息和系统。

数据（Data）指未经加工处理的内容，如数字、文字、声音、图像、符号等。

信息（Information）是把原始数据以有意义的形式组织后的数据，是一种有意义的表达。

关于信息与数据两者之间的关系，杜娟在《信息系统分析与设计》中认为：数据是信息的载体，具有客观性；信息是由数据反映的，具有主观性。同一数据在不同背景下反映的信息不一定相同，同一信息可通过不同的数据反映。美国学者史密斯和梅德利在《信息资源管理》中认为，数据是信息形成的基础，信息是数据处理的最终产品，是经过收集、记录、处理，以可检索的形式存储的事实或数据。信息系统可以直接处理的是数据，通过业务识别和人为反应才能形成对组织决策有影响的信息。

系统（System）一词来源于古希腊语，指由部分组成的整体。若各组成部分能够互相作用、互相依赖，并具有特定的功能，这些组成

部分就可以共同组成一个系统。所以系统就是由处在一定的环境中相互联系和相互作用的若干部分组成的具有特定功能的有机整体。系统具有整体性、目的性、相关性和环境适应性等特征。一个系统可由若干个小的子系统组成。

3.1.2 信息系统的概念

目前，关于信息系统（Information System）并没有统一、准确的定义。平常业界引用较多的是信息系统权威戈登·戴维斯的观点：用以收集、处理、存储、分发信息的相互关联的组件的集合，其作用在于支持组织的决策与控制。这里包含了两层意思：前半部分说明了信息系统的技术构成，后半部分说明了信息系统在组织中的作用。

信息系统包括三项活动：

输入：从组织或外部环境中收集原始数据。

处理：将输入的原始数据转换成有意义的信息。

输出：将处理后形成的信息传递给有需要的人或组织。

这三者的关系如图 3 - 1 所示。

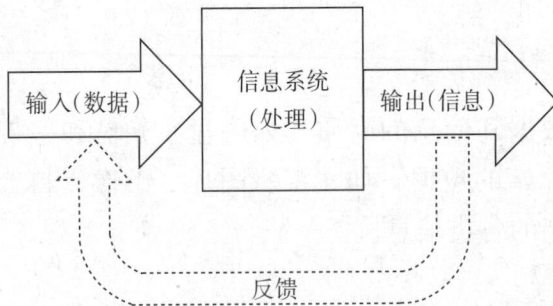

图 3 - 1　信息系统的三项活动

此处需要进一步说明的是：

（1）信息系统输入与输出的内容类型明确，即输入的是数据，输出的是信息。

（2）信息系统输出的信息必定是有用的，反映了信息系统的功能或目标。

（3）信息系统中的处理是指把输入的原始数据变换成可用的信

息，也意味着要对输入的数据进行计算、比较、变换或为将来的使用进行存储。

（4）信息系统中的反馈用于调整或改变输入或处理活动的输出，并依此进行有效的控制。

3.1.3 信息系统的组成

信息系统为实现组织的目标，对整个组织的信息资源进行综合管理、合理配置和有效利用，所涉及的组成部分主要有以下六种：

1. 硬件设备

指计算机主机和输入、输出等设备。硬件设备为信息系统的运行提供了基础支撑，确保信息系统能正常为用户服务。

2. 软件系统

分为系统软件和应用软件两类。系统软件主要是指操作系统和数据库管理系统。应用软件范围比较广泛，包括各种通用软件和专用软件。

3. 存储介质

用于存储数据和信息的介质，如磁盘、光盘和磁带等。存储介质既可存储各种原始的数据，如文字、图片、影像资料等素材，也可存储经过处理输出的各类信息。

4. 通信系统

指用于传递数据或信息的网络设施和软件，实现资源共享和信息传递。

5. 工作人员

包括对各种相关设备进行操作的人员，以及系统分析员，程序设计员，数据库管理员，系统管理员，收集数据、传输信息的各类人员等。

6. 组织

组织是指信息系统隶属并服务的主体，可以是一个企业、一个政府或事业单位，或一项体育赛事的组委会。信息系统可以帮助组织提高运作的效率，节省运作的时间和资金成本。

在以上六个部分中，平常所说的信息系统是指计算机软件系统当中的应用软件，本书所提到的信息系统也是这个含义。

3.1.4　信息系统的发展

犹如事物的发展是由简单到复杂，从低级到高级。信息系统的发展也遵循类似的规律。从信息系统的主要功能来看，大致经历了四个发展阶段：

1. 单项事务处理阶段

从 20 世纪 40 年代末第一台计算机诞生至 70 年代初，约 20 年间，以单机形式进行计算、文字处理和制表等操作的信息系统，通过高能语言文件管理技术为人们提供了科学计算、统计等事务处理功能，具有代表性的系统是电子数据处理系统。

2. 系统处理阶段

在二十世纪七八十年代，随着数据库、数据通信和计算机网络技术的发展，信息系统具有了计划、管理报告生成、综合统计、计算机辅助设计和辅助制造的功能，帮助人们提高和管理信息处理的系统性、综合性、准确性和及时性。属于该阶段的系统有传统的管理信息系统、CAD 系统、CAM 系统等。

3. 决策支持阶段

二十世纪八九十年代，人工智能技术快速发展，人机对话、模型管理越来越多地被应用于企业的实际运作中，信息系统随之具备分析、预测、评价和优化的功能，可以为决策者在决策过程中提供支持。典型的系统有决策支持系统、现代的管理信息系统、计算机集成制造系统。

4. 综合集成阶段

20世纪90年代后，通信技术、多媒体技术实现了快速发展，与此同时，也逐渐诞生了数据挖掘、智能主体等新技术，实现了各种功能的综合集成，为人们的学习、研究和决策分析等智能活动提供了积极主动的支持。属于该阶段的系统有互联网服务系统、Web服务系统、虚拟企业管理系统、云服务系统。

这四个阶段反映了计算机辅助管理和业务活动由初级到高级的发展过程，又显示了信息活动在不同层次与深度上对管理与业务活动的支持。

进入21世纪后，我国的信息化建设步伐不断加快，信息系统也随之推陈出新。信息系统在原有基础上，或延伸范围使体系扩大而增强整体功效，或加大深度使局部精致而由点促面。譬如企业资源计划系统（ERP）在制造资源计划（MRP II）的基础上向企业外部和企业边角延伸，包括生产管理、物资管理、采购管理、销售管理、财务管理和人力资源管理等众多子体系。客户关系管理系统（CRM）并非仅对客户分类和联系方式等进行管理，更重要的是把客户价值管理视为核心，因此在操作型CRM基础上衍生出分析型CRM。高等学校和中等职业学校普遍在早期分别由业务部门建设的图书管理系统、教务管理系统、学生工作综合管理系统、一卡通系统等单个应用系统的基础上，建设了包括信息门户、统一身份认证系统和公共数据交换系统的数字化校园综合管理平台，为各个应用系统提供公共的基础性服务，通过整合、集成（包括用户界面集成、身份认证集成和业务数据集成），实现数据共享、消除信息孤岛。现在大型综合性体育赛事也会在注册系统、赛程计算系统、计时记分系统、信息发布系统、物资物流系统等子系统的基础上，建立综合的运动会信息系统。

3.1.5 信息系统的分类

从不同的视角出发，信息系统有不同的分类。这里主要根据信息服务对象的不同，把信息系统分为三类：面向事务层面的系统、面向管理层面的系统和面向决策层面的系统。

1. 面向事务层面的系统

面向事务层面的系统是指应用信息技术支持组织最基本的日常业务处理活动。该层面的系统广泛存在于各种基层业务职能中，能直接支持组织的各项基础业务活动，并为组织内各层次的管理人员提供第一手的业务运行资料，成为其他各类信息系统的主要信息来源。使用该类系统能极大提高组织的管理效率，节省资金和时间成本。

办公自动化系统（OA）是使用最普遍的面向事务层面的信息系统。它的主要目的是通过应用信息技术支持办公室的各项信息处理工作，协调不同地理分布区域之间、各职能之间和各类工作者之间的信息联系，提高办公活动的工作效率和质量。因此，它的基本职能是应用和处理信息，为各种类型的文案工作提供支持，而不是创造信息。办公自动化系统典型的应用有公文处理（收文处理、发文处理、公文查询）、信息发布、日程安排、个人事务和内部邮件等。生产企业中常用的事务处理系统有人事管理系统、订单处理系统、库存管理系统、账务管理系统等。学校常用的事务管理系统有学籍管理系统、教务管理系统、学生工作管理系统、排课系统、图书管理系统等。

面向体育的事务管理系统主要有体育赛事管理系统和体育场馆管理系统。体育赛事管理系统涉及的范围比较广泛，包括了组委会的办公自动化系统，运动员、媒体注册管理系统，裁判员管理系统，赛事编排系统，成绩录入系统，成绩发布系统，成绩查询系统等各种赛前、赛中、赛后信息系统，这些都是面向事务层面的系统。

2. 面向管理层面的系统

面向管理层面的系统是指在对组织的基本运行状况进行概括和总结后，将事务管理系统中的数据进行筛选、压缩，按固定的周期生成报表，并提供当前运行状况和历史记录的在线查询，为管理人员的规划、控制和决策等功能提供支持的信息系统。这类系统是在面向事务层面系统的基础上，从事务处理系统中抽取、处理数据，使之具有分析、计划和辅助决策的功能，为管理层提供管理支持和满足管理者对信息的需求。

知识工作支持系统是较有代表性的面向管理层面的信息系统，主要用于支持科学家、工程师、咨询顾问等知识工作者的工作。知识工作者借助知识工作支持系统的支持，促进新知识的创造，并将新的知识与技术集成到组织的产品、服务或管理中去。电子数据处理系统、计算机集成制造系统也是较为常见的面向管理层面的信息系统，主要用于辅助组织管理，使之实现管理的自动化。

3. 面向决策层面的系统

面向决策层面的系统是在传统的信息系统基础上发展起来的。当面向管理层面的系统无法给组织带来明显的效益，人在管理中的作用得不到充分的发挥时，就要求有更高层次的系统来直接支持决策。基于上述原因诞生的面向决策层面的系统，是以管理科学、计算机科学、行为科学和控制论为基础，以计算机技术、人工智能技术、经济数学方法和信息技术为手段，为组织中高级管理人员提供决策的一种人机系统。这是一种具有智能作用并能够支持决策者解决半结构化决策问题的系统，它能为决策者迅速而准确地提供决策所需的数据、信息和背景材料，帮助决策者明确目标，建立或修改决策模型，提供各种备选方案，对各种方案进行评价和优选，通过人机对话进行分析、比较和为决策者做出正确决策提供有力支持。决策支持系统、战略信息系统和管理专家系统是典型的面向决策层面的系统，这三种系统在企业中的应用越来越多，特别是在大型企业中的地位愈显重要。

目前，在体育领域中面向事务层面的信息系统得到广泛应用，但对面向管理层面和面向决策层面的信息系统重视不够，能够得到有效应用的信息系统寥寥无几。按照近年信息技术发展的趋势，以云计算和大数据为代表的新兴技术，将对体育选材、体育训练、体育比赛等方面产生深刻影响，运动员、教练员、赛事举办者等体育工作者将更依赖信息技术为训练和举办赛事提供科学依据。

3.1.6 信息系统的生命周期

任何系统都会经历产生、发展、成熟、消亡（更新）的过程，这个过程被称为系统的生命周期（System Life Cycle）。信息系统也不例外，其生命周期通常被分解为系统规划、系统开发、系统运行与维护、系统消亡或更新四个阶段。下表列出了这四个阶段的主要内容。

信息系统生命周期的四个阶段

阶段		主要内容
系统规划	战略规划	根据组织的整体目标和发展战略，确定信息系统的发展战略，进行业务流程规划，明确组织总的信息需求，制订信息系统建设总计划
	业务规划	根据组织的目标、战略以及用户需求，对组织的业务领域和业务流程进行识别并进行相同的业务规划
	总体结构规划	进行组织的信息需求分析，系统的数据规划、功能规划与子系统的划分，以及信息资源配置规划
	项目实施与资源分配规划	根据发展战略和系统总体结构，确定系统和应用项目的开发顺序和时间安排。为规划中的每个项目实施需要的硬件和软件资源进行评估，提出每个项目建设的预算
系统开发	系统分析	理解和表达用户需要，建立新系统的逻辑模型，并完成系统分析说明书
	系统设计	确定程序由哪些模块组成及各模块间的关系；设计程序的详细规格说明，将设计方案进一步具体化、条理化和规范化
	系统实施	包括硬件配置、软件开发、系统调试、文档编写、人员培训等
系统运行与维护		系统运行的组织与管理，信息服务的提供和支持管理，信息安全管理，系统纠错性维护、适应性维护、完善性维护、预防性维护
系统消亡或更新		对系统的问题进行分析，淘汰系统或开始新系统的建设

信息系统生命周期中的每个阶段都不是独立存在的，之所以要划分出不同的阶段，是为了明确每一个阶段的目的、任务、采用技术、参加人员和阶段性成果，理顺与前、后阶段的联系，以便更好地进行系统的开发。因此信息系统生命周期的各阶段之间都是相互依存的。

3.2 信息系统的规划

信息系统规划是指根据组织的战略目标和用户提出的需求，从用户的现状出发，经过调查，对拟开发信息系统的技术方案、实施过程、阶段划分、开发组织、开发团队、投资规模、资金来源和进度安排，用系统、科学、发展的观点进行全面规划。

信息系统规划是信息系统生命周期的第一阶段，是信息系统建设的起点，需要从全局、长远和发展的观点出发，来规划整个系统的建设。在这个阶段，要通过初步调查和可行性分析，了解清楚系统要解决什么问题。由于信息系统的开发是一项技术复杂、历时较长、耗资巨大的工程，如果没有经过科学有效的论证，或者规划不当，信息系统的建设就会偏离原来的目标和方向，最后开发出来的信息系统就无法达到预期的目标，甚至是以失败告终。

3.2.1 信息系统规划的原则

1. 支持组织的战略目标

组织的战略目标是信息系统规划的出发点。信息系统规划从组织目标出发，分析组织对信息系统的需求，逐步导出信息系统的战略目标和总体结构。

2. 争取组织最高层领导的全力支持

无数的信息化项目建设经验表明：信息化建设是"一把手工程"。特别是在系统建设起步的规划阶段，争取组织"一把手"的参与和支持是保证以后信息系统建设成功的关键。

3. 整体上着眼于高层管理，兼顾各管理层的要求

建设信息系统的目的就是要满足组织管理者对信息的需求，因此

在整体满足高层管理者（特别是最高层领导）的前提下，尽量兼顾满足各管理层的要求。

4. 摆脱信息系统对组织机构的依从性

关键要着眼于组织过程。组织最基本的活动和决策可以独立于任何管理层和管理职责，只有摆脱对组织机构的依从性，才能提高信息系统的应变能力。

5. 使系统结构有良好的整体性

信息系统的规划和实现过程是一个"自顶向下规划，自底向上实现"的过程。采用自上而下的规划方法，可以保证系统结构的完整性和信息的一致性。

3.2.2　信息系统规划的特点

（1）具有全局性和长远性，高层管理人员是工作的主体。
（2）具有较强的不确定性，会随着环境的改变而变化。
（3）具有较低的结构化程度，要着眼于子系统的划分。

3.2.3　信息系统规划的作用

1. 确定信息系统正确的总目标和总体结构

根据组织的战略目标和现状，以及对相关信息技术发展的预测，确定信息系统的总目标和总体结构。信息系统的总目标为信息系统的发展指引方向，总体结构为信息系统的开发提供框架。

2. 为领导决策提供数据支持

在整体规划的框架下，通过提取各业务系统的相关数据，信息系统可以为领导层提供及时的行政办公、人力资源、财务等统计分析数据，为领导决策提供及时、准确的数据依据。

3. 合理分配和利用信息资源（信息、信息技术和信息生产者），以节省信息系统的投资

由于信息技术的发展速度比较快，硬件可供选择的产品多，软件开发的语言和工具种类丰富。科学、合理的规划可提高信息系统的效率和资金的利用率。

4. 为将来其他系统的开发制定参考标准

因不同业务部门对应用系统有不同的业务和流程需求，同一组织存在多个由不同厂家提供的应用系统的现象极其普遍。为降低甚至消除由此产生的"信息孤岛"现象，有必要在规划阶段制定组织信息系统开发标准，在同一组织内最大限度地实现数据和资源共享。

5. 帮助组织规范业务流程

信息化的过程就是业务流程优化的过程。在信息系统规划阶段详细调研组织的整体业务流程，提出优化方案，并在实施过程中通过软件工具将流程固化下来，可以帮助组织将业务流程规范化，减少人为干扰因素。

3.2.4 信息系统规划存在的问题

（1）系统建设与组织发展的目标不匹配，且对系统的期望过高。

（2）前瞻性不够。系统不能适应组织变革和环境变化的需要，建成后对管理与业务状况并无明显改善。

（3）领导重视不够。组织结构陈旧，管理落后，主要业务流程效率与效益低下。

（4）技术方案不合理。过于求大、求全，导致系统实用性差，运行不稳定、不可靠。

（5）人员信息化素养不高。组织和专业人才缺失，系统使用人员的素质较低，造成系统使用效率不高。

（6）资金不足。信息化资金投入不足，难以支持企业战略目标的

实现。

（7）全局观念不强。应用系统建设在板块之间、层级之间、业务环节之间发展不平衡，大多数系统在功能和应用方面尚存在许多空白和不足。

（8）数据标准不统一。信息归口管理部门不明确，收集手段落后，在逐级上报过程中容易产生失真，统计分析口径各异，分析利用的程度有待提升。

3.2.5　信息系统规划的内容

1. 战略规划

信息系统战略规划所针对的是组织生存发展的全局性、关键性和长期性等问题，目的是使信息系统的发展战略与整个组织的发展战略保持一致。信息系统战略规划通常包括主要发展目标、发展重点、实现目标的途径和措施等内容。

制定信息系统战略规划的依据是组织发展战略和组织信息系统建设目标，它的主要内容是根据组织的整体目标和发展战略，确定信息系统的发展战略，进行业务流程规划，明确组织总的信息需求，制订信息系统建设总计划，其中包括确定拟建系统的总体目标、功能、规模和粗略估计所需的资源，并根据需求的轻、重、缓、急顺序及资源和应用环境的约束，把规划的系统建设内容分解成若干开发项目以分期分批地进行系统开发。一般情况下，信息系统战略规划既包含1～2年的短期计划，也包含3～5年的长期规划，甚至包含6～10年信息系统的发展展望。短期计划部分为作业和资金工作的具体责任提供了依据，长期规划部分则指出了总的发展方向。

总之，在信息系统规划中，战略规划阶段的目标是制定同组织机构的目标和战略相一致、支持组织的管理决策与核心业务流程的信息系统目标、目的和战略。但由于战略规划涉及组织的内、外环境因素较多，不确定性问题较突出，目前还没有一种规范的制定信息系统的战略规划方法。此外，随着时间的推移，各种因素的变化都有可能影响战略规划的适应性和可执行性。因此，已经制定的信息系统战略规划并非不能发生变化，当外界或内部因素发生明显的改变时，就要对信息系统的战略规划做适当修改以适应变化的需要。一个科学的合理的战略规划更多地取决于规划人员对组织内、外环境及其发展趋势的正确估计和深刻理解，以及对发展目标及实现目标的途径的远见。

2. 业务规划

信息系统业务规划包括业务需求分析和业务流程规划两部分。

（1）业务需求分析。

业务需求分析是在调查需求的基础上，结合组织目标、业务现状、技术水平、投资能力等因素，对用户提出的需求从信息系统目标、需求结构、业务功能、技术性能、风险等方面进行深入分析，最后确定出全面、合理、可行的信息系统需求。不同的用户从各自的视角对信息系统的目标、功能、结构、行为与绩效有不一样的期望、关心与需求，这些需求是他们为实现各自的社会目标、解决在社会活动中的实际问题而提出的，如业务与技术的功能需求和非功能需求（如性能、技术需求、安全需求以及可维护性、可扩展性和可重用性等）。

①业务需求分析的意义：调查用户对新开发的信息系统的需要和要求；结合组织的目标、现状、实力和技术等因素，进行深入细致的分析；确定出合理可行的信息系统需求；用规范的形式描述需求。

②业务需求分析要解决的问题：用户希望建立怎样的一个信息系统；系统能够为用户解决哪些问题；信息系统应该具备哪些功能；用户与信息系统都会交互哪些信息；用户使用信息系统的方式等。

③业务需求分析的工作内容。

第一，需求调查。由分析人员通过座谈、走访、问卷调查等形式，深入了解用户对新建立信息系统的需要和要求，来获取用户需求。

第二，需求分析。对获取的用户需求，通过综合考虑组织目标、现状、技术条件、投资能力等因素，从信息系统目标、结构、功能、性能、风险等方面进行深入分析，最终确定出合理、可行的信息系统需求。

第三，需求描述。建立信息系统的需求说明文档，把需求分析的结果采用规范的形式描述出来，形成需求规格说明，作为后面开发工作的依据。

第四，需求审核。由分析人员通过一定手段对初步确定的信息系统需求的正确性和可行性进行验证，以确定正确和可行的需求，排除不可行的需求。

④业务需求捕获的内容。

总体需求。用户对所建立的信息系统的总体要求，包括信息系统的总目标、范围、总体结构、核心功能等。

功能需求。信息系统应该提供的功能和能够达到的效用，是对总体需求的分解和细化。

性能需求。包括信息系统的效率、处理方式、可靠性、安全性、适应性等技术要求。

其他需求。除了以上三方面的需求之外，还应该调查用户的投资能力、开发时间、开发队伍、社会法律等方面的非技术性需求。

⑤业务需求捕获的方法。一般的调查方法有座谈法、问卷调查法、走访法等；辅助调查方法有启发法、观摩法、原型法。

在业务需求分析的最后阶段，应利用自查、用户审查和专家审查等方式，对初步确定的信息系统需求的正确性和可行性进行验证，确定正确的和可行的需求，排除含糊、不实际和不可行的需求，并形成系统需求说明书。

总之，业务需求分析是对用户需求的合理化过程，在整个需求分析过程中必须有用户参与，充分考虑用户的需要。但用户提出的需求可能存在模糊、片面、不实际等问题，因此，最终所确定的需求分析结果应该征得用户的书面认可。

（2）业务流程规划。

业务流程是指一个组织在完成其使命、实现其目标的过程中必需的、逻辑上相关的一组活动。清晰、规范的业务流程是信息系统得以应用的前提。一个信息系统的业务流程必须与组织的实际运行业务流程吻合，组织才能使用该系统来开展相关的业务。例如举办体育赛事需要开展的竞赛流程是：运动员注册—赛事编排—进行赛事—成绩录入—成绩发布—成绩查询。试想，若一个竞赛系统的流程是先进行成绩发布，后面才是赛事编排，该系统又怎么能用在举办体育赛事中呢？又譬如，如果企业的同一业务流程中各个环节之间，或不同业务流程之间的关系混乱，特别是完整的业务流程被不同职能部门侵害，就会大大降低流程的效率与效益，使企业难以及时捕获转瞬即逝的市场机会，致使企业的竞争力减弱。

好的业务流程规划，是在前期通过座谈、问卷调查、走访等方式完成业务需求分析的基础上，再通过回访等方式不断修正信息系统的业务流程，使业务流程既符合组织在事务处理和管理等方面的需求，同时也使组织借助信息技术手段，对事务处理和管理进行规范，提高管理效率和管理水平。

因此，在规划信息系统时，必须重视信息系统的流程规划，根据组织的活动和目标，根据现有的信息技术特点，借助先进的管理思想和管理方法改进或重新设计出详细、科学、合理的业务流程，尽量减少在开发过程中甚至完成开发后对系统流程的修改次数。无尽的流程修改是导致信息系统失败的主要原因之一。

3. 总体结构规划

总体结构规划是信息系统规划的中心环节，这一环节要完成的任务是进行组织的信息需求分析，系统的数据规划、功能规划与子系统的划分，以及信息资源配置规划。

组织的信息需求分析是这一环节的基础工作。组织的业务流程，特别是核心业务流程是由组织的使命、目标与战略决定的。有效支持业务流程高效率、高效益、高应变地运作，是信息系统的任务。因此，在准确识别和严格定义业务流程的基础上，要准确识别每个流程的高效率、高效益和高应变力需要什么信息支持，这些流程又会产生哪些信息以支持其他的运作。

数据是信息系统最重要的资源。科学、系统的数据规划是信息系统成功的基本条件。数据的混乱是导致信息系统失败的重要原因之一。必须在组织的信息需求分析的基础上，分类定义各主题数据，严格确定各类数据的来源、用途与规范，为将来系统开发时的数据管理打下坚实的基础。

功能规划与子系统的划分是信息系统总体结构规划的核心与关键所在。这一环节的任务是在识别业务流程、明确组织信息需求、定义主题数据的基础上，确定信息系统为支持组织的目标与战略和业务流程的运作所要及时、准确提供的信息，以及为提供这些信息而需收集和加工的信息，根据业务流程的性质和范围划分支持与处理有关信息的子系统，明确这些子系统的功能和子系统之间的数据联系，这就形成了功能规划与子系统划分的方案。

对信息系统的软件、硬件、数据存储与网络系统，以及信息系统的组织与人员进行总体结构规划，为项目实施与资源分配规划打下基础。

4. 项目实施与资源分配规划

用于信息系统开发的各类资源总是有限的，这些有限的资源无法同时满足全部应用项目的实施。同时，一个组织内部各部分信息系统建设的需求与具备的条件是不平衡的，因此应对这些应用项目的优先顺序给予合理分配，主要工作是制定项目实施规划和制订资源分配方案。

（1）制定项目实施规划。

通常把规划的整个信息系统划分成若干个应用项目，分期分批实施。即根据发展战略和系统总体结构，确定系统和应用项目的开发顺序和时间安排。在确定一个项目的优先顺序时应依据以下几个方面进行分析。

①该项目的实施对组织的改革与发展有显著的推动作用。

②利用定量分析的方法，预计该项目的实施可明显节省费用或增加利润。

③对于无法定量分析的因素，则采用定性分析方法，如定性分析项目实施的效果。

④制度上能否保证系统的研发工作顺利进行。

⑤项目之间是否存在依赖关系，即基础项目应该优先。

（2）制订资源分配方案。

为规划中的每个项目实施需要的硬件和软件资源，包括设备、人员、技术、服务等进行评估，提出每个项目建设的预算。

3.3 信息系统的分析

系统分析是信息系统开发过程中的关键环节。系统分析的主要内容是对现行系统进行详细调查后，对组织内部的整体管理状况和信息处理过程进行分析，包括组织机构功能分析、管理业务流程分析、数据与数据流程分析、功能与数据之间的关系分析。系统分析阶段的成果是建立新系统的逻辑模型，并完成系统分析说明书。

3.3.1 信息系统分析的任务

信息系统分析的主要任务是理解和表达用户需求。通过深入调查，和用户一起充分了解现行系统的工作状况，理解用户对现行系统的改进要求和对新系统的期望。在此基础上，把和用户共同理解的新系统用恰当的工具表达出来，完成新系统的逻辑模型设计并形成系统分析说明书。用户需求是指系统必须满足的所有性能和限制，通常包括功能要求、性能要求、可靠性要求、安全保密要求以及开发费用、开发周期、可使用的资源等方面的限制。用户需求包括用户明确表达出来和没有明确表达出来的需求。系统分析员在与用户沟通过程中，要善于挖掘出用户没有明确表达出来的需求和潜在需求，弄清楚哪些工作可由计算机完成，哪些工作仍需人工完成，以及计算机可以提供哪些新功能，通过系统分析帮助用户改善需求，并纠正不合理需求。

建立系统逻辑模型：通过调查和分析得出新系统的功能需求并给出明确描述后，根据需要与实现的可能性，确定新系统的功能，用一系列图表和文字给出新系统功能的逻辑描述，进而形成系统的逻辑模型。逻辑模型包括数据流程图、数据字典、基本加工说明等，它们不仅在逻辑上表示目标系统所具备的各种功能，还表达了输入、输出、数据存储、数据流程和系统环境等。

完成系统分析说明书：该说明书反映了系统分析阶段调查分析的全部情况，是系统分析阶段的重要文档。系统分析说明书既是系统设计师进行系统设计的基础，也是程序员进行编码的基础，还可作为用户验收的依据和评价项目成功与否的标准。

在系统分析阶段，要求系统分析员必须与用户进行友好协商和紧密沟通。这是因为大部分用户虽然熟悉自己的业务，但缺乏计算机专业知识，不善于用计算机术语把业务过程清晰地表达出来。系统分析员虽然精通软件开发技术，但往往对用户的业务知识缺乏足够理解，不知从何着手开展调查，或调查的针对性不强，导致调查的效率和效果大打折扣，不能反映用户建设系统的真实意图。因此，承担系统分析工作任务的系统分析员要善于沟通，借助有关的技术和工具，全面、准确地理解用户需求，做好系统分析工作。

3.3.2 信息系统分析的步骤

信息系统分析阶段是将系统目标具体化为用户需求，再将用户需求转换为系统的逻辑模型，系统的逻辑模型是用户需求明确、详细的表示。这一阶段要完成的主要工作如图 3-2 所示。

初步调查

了解用户的基本情况,主要是计算机应用现状,包括硬件配置,网络环境,应用系统的种类、功能及存在的问题等,对用户提出的各种问题和初始要求进行识别,明确新系统的初步目标,为可靠性研究提供工作的基础

可行性研究

从经济、技术、管理、社会等方面对项目的必要性、可行性、合理性、风险性等方面,进行全面、系统的分析和科学论证,编写可行性报告供决策部门参考

详细调查

通过收集资料、访谈、问卷调查等方式,对现行系统进行全面、深入、详细的调查分析,弄清现行系统的运行状况,发现存在的问题和薄弱环节,用工具描述现行系统的具体结构,为后续的分析和新的逻辑设计做好准备

组织结构与管理功能分析

将组织作为一个整体来理解,对现行系统的组织结构及管理功能进行分析,主要包括组织结构分析、组织与功能的关系分析及管理功能分析

业务流程分析

从实际业务流程的角度将有关资料整合作进一步分析,发现和处理前期调查工作中的错误和疏漏,修正不合理部分,优化新系统业务处理流程。借助有关图表描述新系统的业务流程

数据流程分析

把数据在系统内部的流动情况独立出来,舍去具体组织机构、信息载体、物资、材料等信息,单从数据流动过程来考查实际业务的数据处理模式,主要对数据的流动、传递、处理、存储等进行分析

数据字典

数据字典是定义和描述所有数据的工具,包括对一切动态和静态数据的结构和相互关系的说明,是数据分析和数据管理的重要工具,也是系统设计阶段进行数据库设计的参考依据

建立逻辑模型

创建新系统的逻辑模型,对反映用户需求的新系统应具备的功能进行全面、系统、准确、详细的描述

编写系统分析说明书

用比较形式化的术语对系统情况进行详细描述,主要内容包括:概述,现行系统概况,系统需求说明,新系统的逻辑模型,新系统在各个业务处理环节拟采用的管理方法、算法和模型,新系统开发资源与时间进度估计。系统分析说明书是设计和编码的基础,也是测试和验收的依据

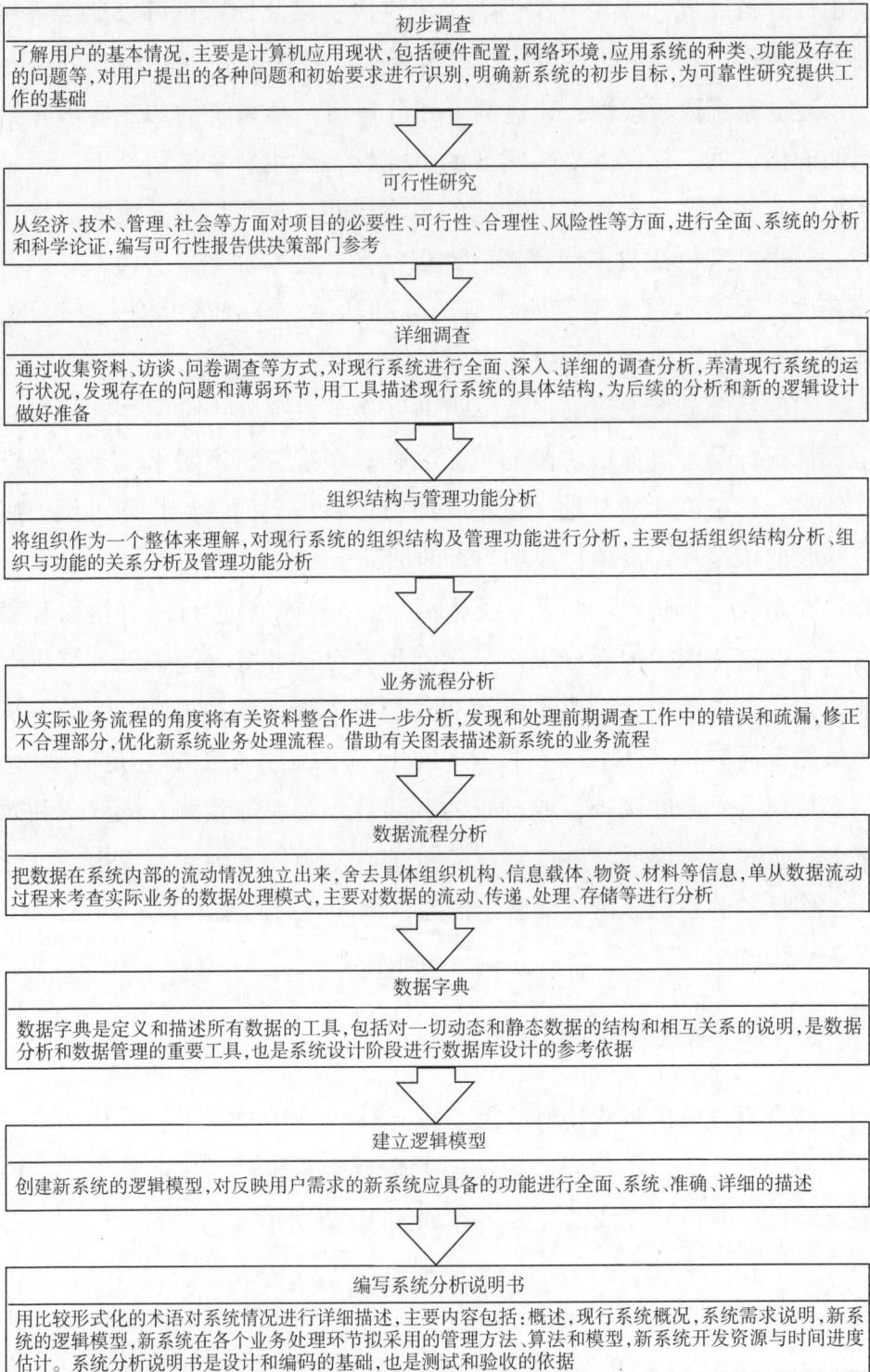

图 3-2 系统分析流程

3.4　信息系统的设计

信息系统设计又被称为信息系统的物理设计，也是信息系统开发过程中的关键环节。它是在前一阶段系统分析的基础上，将反映用户需求的逻辑模型转换为可以具体实施的物理模型。系统分析阶段要回答系统"做什么"的问题，即明确系统应具备的功能，其主要成果是建立系统的逻辑模型。系统设计是在系统分析的基础上，解决系统"怎么做"的问题，即根据在系统分析阶段建立的逻辑模型所提出的各项功能要求，结合组织的实际情况，设计出新系统的基本构架。

3.4.1　信息系统设计的原则

1. 系统性原则

要把系统作为一个整体来考虑。系统的设计规范要标准，代码要统一，传递语言要一致；对系统的数据采集要做到数出一处，实现数据或信息共享，尽可能提高数据的重用性。

2. 可靠性原则

信息系统要正常运作，必须具有较高的可靠性，能抵御外界的干扰，以及在受到外界干扰时具备自行恢复能力。要提高系统的可靠性，可选用可靠性较高的设备；尽可能避免出现设计错误；采取多种相应的措施提高系统的可靠性，如安全保密性、检错及纠错能力、抗病毒能力等。

3. 开放性原则

由于系统的使用环境会随着时间发生变化，因此，系统应具有较好的开放性，才能维持较长的生命周期。在系统设计中，应尽量采用模块化结构，提高各模块的独立性，减少模块间的数据耦合，使各子系统间的数据依赖降至最低限度。

4．经济性原则

在满足系统需求的前提下，在硬件和软件两方面减少项目的成本。在硬件方面不盲目追求技术最先进的设备；在软件方面避免一切不必要的设计，尽量简化数据处理过程，力求使系统结构清晰、合理，降低流程处理费用。

5．管理可接受原则

系统设计时还须考虑用户的人员素质，特别是系统使用人员和管理员的信息技术水平。只有用户能很好地对系统进行管理，系统才能充分发挥作用和具有较强的生命力。

3.4.2　信息系统设计的内容

信息系统的设计包括总体设计和详细设计两部分。系统总体设计是指系统体系结构设计，确定程序由哪些模块组成及各模块间的关系；系统详细设计的主要任务是设计程序的详细规格说明，将设计方案进一步具体化、条理化和规范化。

3.4.3　信息系统的总体设计

系统总体设计也称为系统结构设计，是指组成系统的各部分在逻辑上、物理上的相互关系。系统总体设计是根据系统分析阶段确定的目标和逻辑模型，把系统分解为若干个大小适当、功能明确、具有一定的独立性且容易实现的模块，并确立模块间的调用关系和数据传递关系。在系统总体设计中要完成总体布局方案和模块结构设计。

1．总体布局方案

系统总体布局是指系统的平台设计，即系统类型、信息处理方式、网络系统结构、软硬件配置以及数据资源在空间上的分布设计。最后设计出来的方案在满足系统处理功能和存储功能要求的同时，还要满足系统易用性、可维护性、可扩展性、可变更性和可靠性的要求。主要包括系统选型、计算机处理方式、数据存储总体设计、数据库管理系统选型、网络系统设计、软硬件配置。

2. 模块结构设计

模块是指一组程序语句或描述，它包括输入输出、逻辑处理功能、内部信息及其运行环境。模块化是为了把复杂系统的设计变得简单化，使整个系统的结构更加清晰：每个模块完成一个相对独立的特定任务。

（1）模块的独立程度可用两个定性标准度量。

①聚合：衡量模块内部各元素结合的紧密程度。

②耦合：度量不同模块间互相依赖的程度。

（2）在进行模块结构设计时，主要考虑以下原则：

①高聚合。要尽可能提高模块的聚合程度，使每个模块执行单一的功能，提高模块的独立性。

②低耦合。耦合强弱取决于模块间连接形式和接口的复杂程度。降低模块间的联系，可提高系统的可读性、可维护性和可靠性。

③分解有层次。根据系统的目标以功能划分模块，对每个子模块再进一步逐层向下分解，直至最小的模块。

④大小适中。模块中所包含的语句数量适宜，一般情况下，语句行数控制在 50 行～100 行，最多不超过 500 行。

⑤数据冗余小。数据冗余量大，是由于模块分解不当，引起相关数据分布在不同的模块中，大量的数据需要调用，导致系统的工作效率降低。

（3）模块分解的步骤：

①根据顶层数据流程图的分解情况，将目标系统分解成若干子系统。

②根据各子系统的分解过程，将子系统逐步分解为若干按层次分布的模块。

③按照模块的基本原则，优化模块分解，调整模块调用关系。

④绘制系统层次化模块结构图。

3.4.4　信息系统的详细设计

总体设计为整个信息系统提供了一个整体设计思路和框架。详细设计是在总体设计的基础上，将设计方案进一步详细化、条理化和规范化，为各个具体任务选择适当的技术手段和处理方法。系统详细设计一般包括以下内容。

1. 代码设计

代码是代表系统中客观存在的事物名称、属性或状态的一个或一组有序符号，它能被计算机和人进行识别和处理。组成代码的符号可以是数字、字母或数字与字母的混合组成。代码设计可以遵循以下步骤。

（1）确定编码对象和范围。罗列要进行编码的对象，划清编码范围。

（2）调查是否已有标准代码。遵循标准化原则，在进行代码具体设计之前调查是否已有相关标准。

（3）确定编排方式和符号类型。根据代码的使用范围、使用时间等实际情况选择代码的编排方式和代码符号类型。

（4）考虑检错功能。代码出错将引发非常难以处理的问题，因此必须进行校验。

（5）编制代码表。编制代码表并作详细的说明，供相关人员学习使用。

2. 处理过程设计

为进一步表达系统的处理过程和系统中数据的传递关系，需确定各个模块的实现算法和处理过程。因此，要进行系统处理过程设计和具体模块的处理过程设计，以便为程序设计准备好详细资料。处理过程设计主要使用程序流程图、盒图和程序设计语言等工具。

（1）程序流程图。指通过对输入、输出的数据和处理过程的详细分析，将计算机的主要运行步骤和内容用框图表示出来。

（2）盒图。也称 N–S 图，是一种符合结构化设计原则的图形描述工具。在盒图中，每个盒子表示一个处理步骤，采取"上进下出"的策略限制随意转移，从而保证程序的良好结构。

（3）程序设计语言。用来描述模块内部具体算法和加工细节的语言，一般分为外层语法和内层语法。

3. 数据库设计

数据库设计是指根据系统分析和系统设计的要求，结合选用的数据库管理系统，建立一个数据模式。其设计步骤如下。

（1）用户需求分析。结合具体的业务需求分析，确定信息系统的各类使用者以及管理员对数据处理的安全性和完整性的要求。

（2）概念结构设计。将现实世界的各种客观事物及其联系转化为信息世界中的信息模型。

（3）逻辑结构设计。将概念模型转换成能被选定的数据库管理系统支持的数据模型。

（4）物理结构设计。结合数据库系统的功能和应用环境、存储设备等具体条件为逻辑结构设计阶段得到的数据模型选择合适的存储结构和存储方法。

4. 输入设计

输入设计的任务是确定数据以什么格式被录入信息系统。好的输入设计可以为用户提供良好的工作环境，是系统正确运行的基础。

（1）输入设计的原则。

①输入量最小。在满足处理要求的前提下，最大限度地减少输入的数据量，从而提高工作效率和降低出错率。

②输入延迟最低。在录入数据时，系统大多处于等待状态。应当提高数据的录入速度，使数据输入延迟最低，从而提高系统的效率。

③输入步骤少转换。输入数据时采用其处理所需的形式，减少不必要的数据转换，避免不必要的输入步骤。

④杜绝重复输入。尽量提高数据的共享率，避免相同的数据重复录入。

（2）输入设计的内容。

①确定输入数据内容。在系统分析的基础上进一步确定输入数据的数据项名称、数据类型、数值范围、精度等。

②确定数据的输入方式。数据输入方式主要分为脱机输入方式和联机输入方式两种，具体采用哪种方式，要根据数据发生地点、时间和处理要求等因素确定。

③确定输入数据的记录格式。输入数据的记录格式必须要便于填写、操作和归档保存，从而保证输入的准确性。

④确定输入数据的正确性机制。必须要对输入数据进行正确性校验，同时考虑建立数据纠错机制。

5. 输出设计

输出是指系统最终产生的结果或提供的信息。输出设计要确定输出的内容及格式，选择输出设备和输出方式。

（1）输出设计的内容。

①确定输出内容。在确定输出信息的使用方式基础上，根据用户的要求，进一步确定输出信息的名称和形式、输出数据结构、输出数据类型、输出数据位数、聚会范围、数据完整性等。

②选择输出设备。综合考虑各方面情况，选择方便用户使用的输出设备，如显示器、打印机、磁盘等。

③确定输出格式。根据用户对信息的要求和使用习惯，以为用户提供清晰、美观、易于理解和阅读的输出信息为目的，确定输出信息的格式，如采用表格、图形或图标等形式输出信息。

（2）输出设计评价。

输出设计的质量直接影响到信息系统能否为用户提供满意的服务。因此，应当依据用户的满意度来对输出设计进行评价。如能否为用户提供及时、准确和全面的信息服务；是否符合用户的习惯，方便用户阅读和理解；是否充分考虑和利用了各种输出设备的功能；数据输出格式是否与现行系统一致，等等。

6. 用户界面设计

用户界面是使用者与信息系统进行联系的纽带。用户通过屏幕显示和系统进行对话：用户通过界面向系统输入有关数据并控制处理过程，系统通过界面向用户反馈处理结果。因此，如果界面美观、简洁、清晰，为用户喜爱，就会有助于系统的推广和应用。

（1）界面设计的原则。

①一致性。界面风格和操作方法尽可能相似，以便于用户学习和使用系统。如菜单选择、命令输入、数据显示等外观和布局要协调和一致。

②简洁性。简单明了的界面可以降低一般用户的学习和使用难度，有利于用户接受和使用系统。

③灵活性。系统为用户提供定制和修改界面的功能，并适时提供帮助、提示、出错和反馈等信息。

④容错性。当用户操作失误时，允许逆操作恢复，并提供实时的提示信息，帮助用户找到发生错误的可能原因。

（2）界面设计的内容。

①定义界面的形式。包括菜单界面、图像界面、对话界面、窗口界面等。

②定义基本的交互控制形式。对窗口的开关和操作方式，文本输入框的开关和操作方式，以及列表框、滚动条等做出定义与选择。

③定义图标和符号。定义常用的图标、符号及其语义，使其在整个系统中保持一致。

④定义各种操作方式。定义通用的功能键和组合键的含义及其操作内容、文本编辑的方式、窗口的转换、事件的取消操作、菜单的返回等。

⑤定义反馈和帮助策略。当用户操作出错或需要帮助时，为用户及时反馈信息并提供帮助信息，以解决使用时的人机对话问题。

7. 系统安全性设计

为保证系统安全运行，防止信息泄露、丢失和被恶意破坏，要从多方面考虑加强系统的安全设计。影响信息系统安全的主要因素有：

（1）计算机信息系统的使用与管理人员。包括普通用户、数据库管理员、网络管理员、系统管理员，其中各级管理员对系统安全承担着重大的责任。

（2）信息系统的硬件部分。包括服务器、网络通信设备、终端设备、通信线路和个人使用的计算机等。信息系统的硬件部分的安全性主要包括两个方面：物理损坏和泄密。物理损坏直接造成信息丢失且不可恢复，而通信线路、终端设备可能成为泄密最主要的通道。

（3）信息系统的软件部分。主要包括计算机操作系统、数据库系统和应用软件。软件设计不完善（如存在操作系统安全漏洞、软件后门接口等）以及各种危险的应用程序也是造成信息系统不安全的重要因素。

因此，提高信息系统的安全性，要从硬件、软件、管理等方面综合考虑，采取访问控制技术、数据加密技术、数字签名技术、身份认证技术、防火墙技术、冗余备份等安全技术手段，以及制定并落实严格的管理措施，确保信息系统的安全。

3.5　信息系统的实施

在完成系统设计，系统设计说明书也通过审核后，信息系统的建设进入实施阶段。系统分析阶段明确了系统的功能和用途，即回答了系统"做什么"的问题；系统设计阶段解决了系统如何满足业务的功能处理需求，即回答了系统"怎么做"的问题。系统实施阶段则是根据分析和设计阶段确定的"做什么"和"怎么做"的方案，把处于"设计图纸"的物理模型转换为可在计算机上实际运行的信息系统。

系统实施阶段的工作对系统质量的好坏有着十分直接的影响。一个好的设计方案，只有经过精心实施并出色完成相关工作，才能向用户交付一个优秀的信息系统。因此，在系统正式实施开始之前，要结合用户环境制定周密的实施方法、步骤，确定实施的人员安排、经费安排和进度表，以保证系统实施工作的顺利进行。

3.5.1 信息系统实施的主要内容

系统实施的难易程度与系统规模的大小有关，系统的规模越大，实施的复杂程度越高。一般来说，信息系统实施阶段主要有以下几个方面的内容。

（1）硬件配置。包括服务器、存储设备、计算机主机、输入输出设备、网络设备等。订购、验货、安装、调试等环节都要认真落实，不能有丝毫的差错。

（2）软件研发。程序设计人员根据前一阶段设计出来的物理模型，选用某种语言去实现各模块程序的编制和测试工作，并综合考虑技术和成本等因素，购买有需要的底层组件或子系统。

（3）系统调试。初步完成系统的开发和测试后，结合硬件环境对系统的各项功能进行单调、分调和联调的工作，针对调试中出现的各种问题，及时予以解决。

（4）文档编写。收集、整理各项工作的相关文档，特别是编写详细的用户手册和管理手册，作为系统培训、运行与维护的文档资料。

（5）人员培训。对用户的系统管理员、业务人员分别开展培训，使他们掌握系统的操作方法，系统管理员还要熟悉系统后台的各项功能和设置。

3.5.2 系统实施的风险

信息系统的实施是一个复杂的工程。软件系统，特别是大型软件系统的实施风险度较高。因为在实施过程中，涉及硬件环境好坏、项目负责人协调能力、研发人员流动性、用户配合程度、资金到位情况等多方面因素，其中一个环节出现问题，就会对整个项目的实施能否顺利完成造成影响。

采取以下措施，可降低系统实施的风险。

（1）尽量争取用户的支持，是项目顺利实施的基本保证。在开发环境、项目变更（包括用户需求变化）、测试、培训等方面均需要用户的支持或参与，特别是关键用户的支持与参与，这无疑是项目实施成功的重要因素。

（2）尽可能选择成熟的技术和软件产品，是系统高性能和高可靠性的保证。选择成熟的技术和软件产品，可以为系统带来较高的稳定性。

（3）选择合适的开发工具，能为快速开发系统提供基础。合适的开发工具，不仅能适应跨平台的工作环境，拥有极佳的功能和性能，同时还可减少编程的工作量，提高系统的开发效率，缩短系统的开发周期。

3.5.3 系统实施的关键因素

（1）用户参与。

（2）高层支持。

（3）质量管理。系统实施的过程也是质量的形成过程，质量的好坏关系到系统的整个生命周期。大部分质量问题出在管理环节而非技术上，主要原因是组织缺乏强有力的领导。现代质量管理追求用户满意，注重预防而不是检查，并承认管理层对质量的责任。

（4）人员组织。项目经理根据系统实施所涉及的领域，组建具有专业知识的项目团队。项目经理负责组织项目实施工作，明确各成员的工作责任范围以及相应的职权，清楚自己的工作目标、工作方法、工作途径和工作期限。

（5）任务分解。在系统设计阶段分解成的子系统和模块的基础上，将不同技术内容或不同性质的工作，以及有完成顺序要求的工作进一步分析，分解为多个简单化的任务，并确定哪些任务可以并行执行，哪些必须排序执行。

（6）环境构建。包括项目组成员的工作环境和硬件环境、软件环境。用户应为项目组成员提供基本的工作环境，使他们能按照系统物理配置方案的要求，安装、测试系统所需的硬件设备和软件系统。

（7）进度安排。能否按进度交付是衡量项目是否成功的重要标志。由于系统实施阶段任务复杂、工作量大，因此控制进度是项目控制的首要内容，也是项目管理中的最大难点。为了能按时完成任务，要根据人员、任务和环境资源状况制定系统实施进度表。做好实施阶段的进度计划是完成实施的基本保证。

（8）成本控制。项目成本是指为完成项目目标而付出的费用和耗费的资源，主要受质量、进度和范围的影响。成本失控导致超出预算甚至项目失败的例子比比皆是，出现这种现象的主要原因有：目标不明、缺乏计划、范围蔓延和缺乏领导。控制成本最直接、有效的方法是控制项目的变更，能做到按计划执行。承建单位必须结合用户的实际情况，制订切实可行的实施计划，并以强大的执行力贯彻执行。朝令夕改、执行率低的计划是系统实施失败的重要原因。

（9）变更控制。变更是信息系统开发项目最为普遍的特点，原因有两方面：一是用户需求发生了改变，二是系统开发人员修订了设计方案。但信息系统变更出现的不可避免性并不意味着信息系统可以任意修改。任何的变更，无论大小都应该通过分析变更的必要性、经济可行性和技术可行性，并在用户、承建单位和监理单位达成一致意见后才可执行，而且要记录和追踪变更情况，采取措施保证变更是在受控状态下进行。

（10）有效沟通。国内外众多案例表明，信息系统项目失败的重要原因是沟通的失败。除了在项目初期的用户需求调查阶段需要沟通外，在实施阶段更是要加强用户、承建单位和监理单位之间的沟通。因为在多数情况下，用户对技术的了解不深，而承建单位的 IT 技术人员缺乏与用户沟通的技能。因此，项目成员（包括承建单位专业技术人员和用户代表）必须能站在对方角度，尽可能地理解对方，经过不断磨合，通过有效沟通降低项目在实施过程中出现的风险。

3.5.4　信息系统的测试

系统测试是对系统开发过程的系统分析、系统设计和系统实施的最后复查，是保证系统的质量和可靠性的关键步骤。

系统测试的目的是在系统正式投入运行之前，以最少的人力和时间发现并纠正潜在的各种错误和缺陷，避免系统"带病"投入使用后造成损失。

1. 测试的原则

根据测试的概念和目标，在进行信息系统测试时应遵循以下基本原则：

（1）测试应贯穿在开发的各阶段并尽早进行。在系统开发的各个阶段均可能出现错误，而且各个阶段是连续的，早期出现的小问题如果不能尽早发现并纠正，到后面就可能扩大，需要花费更多的人力、物力来修正错误。因此测试不能在整个应用系统开发完成之后才进行，而是应尽早开展测试，尽早发现问题并纠正错误，从而提高整个系统的开发质量。

（2）测试工作应避免参与开发系统的人员参与。由于思维惯性的存在，系统开发人员在参与测试时，往往根据自己的设计或编程思路来开展相关工作，导致在进行测试时具有局限性。此外，从人的心理方面来说，人们常常会有意或无意忽略甚至掩盖自己的错误，因此无法及时暴露存在的问题。所以测试工作一般由专业测试人员或用户代表等非开发人员完成。

（3）既要测试合理、有效的输入条件，也要测试不合理、无效的输入条件。利用不合理、无效的输入条件比合理、有效的输入条件更能暴露隐藏的问题。这是因为人们往往测试的是正常的情况，容易忽略对异常、意想不到的情况进行测试，致使不能及时发现存在的隐患，这些隐患在日后系统正式运行中才会显现出来。

（4）系统测试要全面。不仅要测试系统是否完成了既定任务，还要检测系统是否做了不该做的事。系统做多余的工作不仅影响系统效率，还会带来潜在的危害或错误。因此，也要通过测试及时修正系统的"附加动作"。

（5）严格按照测试计划来进行，避免测试的随意性。测试计划应包括测试内容、进度安排、人员安排、测试环境、测试工具、测试资料等。严格按照测试计划可以保证进度，使各方面都得以顺利进行。

（6）妥善保存测试资料，为系统维护提供方便。在系统正式投入运行后，还会出现新的问题。前期测试后保存下来的资料，可以为查找、纠正错误，甚至重新测试提供参考。

2．测试的方法

一般来说，硬件系统的测试可以根据具体的性能指标使用专业测试工具来进行。软件系统除了响应时间、最大并发数等少数指标可以量化外，大部分要在录入数据后进行各种操作来开展测试。软件测试花费的时间、人力和成本占了软件开发的很大比例。统计表明，软件测试的工作量可占整个软件开发工作量的 40% 以上，一些特别重要的大型软件系统，测试的工作量和成本更大，甚至超过系统开发其他各阶段总和的若干倍。

常用的软件系统测试方法如图 3-3 所示。

（1）人工测试。

人工测试又称为代码复审，是指通过人工阅读程序方式来查找错误。主要工作是：检查代码和设计是否一致；检查代码逻辑表达是否正确和完整；检查代码结构是否合理。

人工测试主要有以下 3 种方法：

①个人复查。指系统开发人员本人查找系统错误，发现其中的错误。

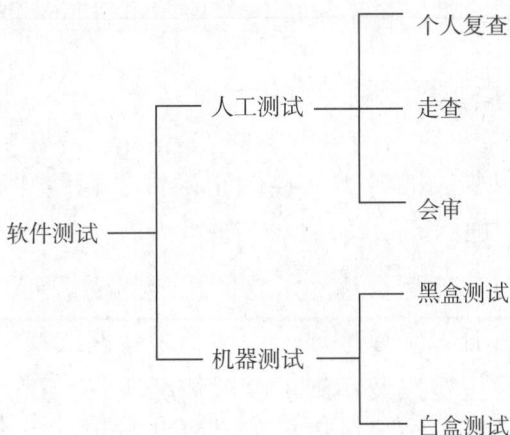

图 3-3　软件测试的主要方法

②走查。通常由 3～5 个有开发经验但没有参加该系统开发的技术员扮演计算机角色，将少量简单的用例中有代表性的数据按程序的逻辑运行一遍，以发现存在的问题。

③会审。测试人员在充分阅读有关资料的基础上，由开发人员讲解程序，测试人员审查、提问，最后集中讨论可能出现的错误。

（2）机器测试。

机器测试是指在计算机上直接用测试用例运行被测程序，从而发现程序错误。机器测试分为黑盒测试和白盒测试两种。

①黑盒测试。也称为功能测试。将软件看成黑盒子，在完全不考虑软件的内部结构和特性的情况下，测试软件的外部特性，即测试只作用于程序的接口处。

②白盒测试。也称为结构测试。将软件看成透明的白盒，根据程序的内部结构和逻辑来设计测试用例，对程序的路径和过程进行测试，检查是否满足设计的需要。

3.6 信息系统的验收

信息系统的验收是指系统项目按招标文件和合同的约定事项完成并试运行，用户出具用户试用报告后，依照相关标准组织设计、承建、监理、测评等单位，对信息系统项目工程质量进行认定。

3.6.1 验收原则

（1）审查提供验收的各类文档的正确性、完整性和统一性，审查文档是否齐全、合理。

（2）审查项目功能是否达到了合同规定的要求。

（3）审查项目有关服务指标是否达到了合同的要求。

（4）审查项目投资以及实施进度的情况。

（5）对项目的技术水平做出评价，并得出项目的验收结论。

3.6.2 验收前提

（1）项目合同规定的建设任务已完成，并符合项目的建设目标。

（2）项目的功能、性能等指标达到项目设计的要求。

（3）项目已按约定时间试运行。

（4）项目验收资料齐全。

3.6.3 验收资料

（1）总结资料。即项目概要，是对项目的立项审核、招投标、合同、分析、设计、实施、试运行等各个阶段的情况，以及资金使用情况、监理情况和验收检测情况进行的概要介绍。

（2）立项审核资料。包括立项申请、项目建设方案、上级部门批复文件。经上级主管部门审核同意的建设方案内容包括：项目名称、性质，项目建设单位的概况、机构职责，项目建设需求、目标、规模、周期，项目建设内容，项目总投资及来源，项目经济及社会效益，项目的实现在技术、经济和社会条件方面的可行性。

（3）变更资料。包括变更申请和变更审批文件。在信息化项目的实施过程中，由于项目环境或者其他原因而对项目的部分或全部功能、性能、架构、技术指标、集成方法、项目进度等方面提出的变更申请，以及经过建设单位、监理单位和承建单位书面确认的变更审批文件。

（4）经费资料。指概算、预算和经费使用情况表。包括财政批复金额、合同金额、已支付金额、尚未支付金额。

（5）合同资料。是项目实施的法律依据，包括招标文件、投标文件、合同书。

（6）施工资料。包括开工报告、实施报告、竣工报告、材料与设备清单、实施质量与安全检查记录、竣工图纸、自检报告。

（7）试运行资料。由用户提供的信息化项目运行期间系统工作情况的报告。项目完成后，通过试运行（或实际使用）一段时间，用户对系统功能、性能、正确性、可操作性、安全性等方面提出的客观的意见、评价和建议。

（8）相关文档。包括系统设计说明书、项目详细实施方案、系统结构图、用户手册、用户培训计划、培训文档、需求说明书、数据库设计说明、测试计划、测试报告、会议记录、进度月报等。

（9）监理报告。监理单位按照国家规范和项目合同要求开展监理工作而形成的报告。报告的主要内容有要目概况、监理内容和监理目标、监理依据、监理组织机构、监理方法、监理过程情况、项目验收情况、建议等，并附上监理过程文档。

在信息系统项目验收过程中，需要准备哪些验收资料要根据项目的大小、类型、资金来源等确定。一般来说，立项审核资料、变更资料、经费资料、合同资料、施工资料、监理报告是信息化项目应该备齐的材料。

3.6.4　验收步骤

（1）建设单位作关于项目情况的报告。

（2）承建单位作关于项目建设情况、自检情况及竣工情况的报告。

（3）监理单位作关于项目监理内容、监理情况以及项目竣工意见的报告。

（4）验收组成员进行现场检查。

（5）验收组成员对关键问题进行抽样复核和资料评审。其中评审内容包括：

①项目的立项审核、招投标和实施过程是否符合规范。

②项目经费使用是否合理。

③项目是否达到立项审核意见和合同书的各项指标要求。

④技术文档是否齐全，是否符合国家或有关部门的技术要求。

⑤根据技术标准、建设规范，检查各项技术指标是否达到要求。

⑥建设项目的设计、施工是否符合国家或有关部门的标准和规范。

⑦运行管理人员和操作人员经培训后技术是否达到熟练操作的程度。

⑧相关管理规章制度是否建立和健全。

（6）验收组成员对项目进行全面评价，给出验收意见和验收结论并签字。

3.6.5　验收合格条件

（1）项目立项审批文件齐全，项目变更通过严格审核，审批文件齐全。

（2）项目经费使用合理。

（3）项目设计和合同约定的各项内容都已实现。

（4）验收文档资料齐全、正确。

（5）运行管理人员和操作使用人员已完成培训，并具备独立上岗能力。

3.7 信息系统的运行管理与维护

要想信息系统在正式投入运行后能正常、高效地为用户提供服务，还须加强对信息系统的日常运行管理和维护工作。

3.7.1 信息系统的运行管理与维护对象

（1）硬件设备。包括服务器、存储器、工作站（台式计算机、手提电脑、平板电脑、掌上电脑）、打印机、扫描仪等。

（2）网络系统。包括交换机、路由器、防火墙、流量控制器、安全审计系统等网络设备。

（3）软件系统。包括操作系统、应用系统、中间件、数据中心和各种工具软件等。

（4）数据资源。指组织在各级各类活动中所涉及的文件、图表、图片和数据等信息。

3.7.2 信息系统的运行管理与维护内容

信息系统的运行管理与维护根据工作内容和分工，分别由系统管理员、网络管理员、机房管理员和 IT 设备维修员等不同岗位的专业技术人员负责。运行管理与维护的工作内容不限于在系统出现问题时及时妥善处理，更重要的是做好日常管理，包括对网络机房的环境、设备以及系统的运行状况进行检查并如实记录，及时发现并排除安全隐患。

1. 机房管理

机房管理主要是指机房环境的安全检查。机房管理员应每天对机房的空调、消防器材、UPS 和供电线路进行巡查，防止出现安全事故。机房应具备三级防雷保护；机房应尽量使用精密空调；机房要使用专用可靠的供电线路和稳定可靠的电源；计算机系统的各设备走线不能与空调设备、电源设备的无电磁屏蔽的走线平行；计算机系统要采用专用地线。

2. 网络管理

网络管理就是通过某种方式对网络状态进行调整，使网络能正常、高效的运行。网络管理的内容包括网络设备管理、网络性能管理、网络资源管理、网络安全管理和网络故障管理 5 部分。

（1）网络设备管理。

指网络设备的日常管理，主要工作是对机房内的服务器、存储器、交换机等设备进行例行的安全检查，及时处置出现的故障。服务器或存储器出现故障时如不及时修复或更换损坏的部件（特别是硬盘），可能导致系统运行异常甚至出现系统崩溃、数据丢失等严重事故。

（2）网络性能管理。

管理员为优化网络性能，对所有网络设备的配置进行统一管理。管理员通过监控网络和系统配置信息，跟踪和管理网络设备和管理软件的各种操作，并利用子网划分、IP 地址管理、流量控制等技术，以达到提高网络的吞吐量、线路的利用率和数据传输速率，尽量缩短访问响应时间，使用户获得良好的网络访问体验的目的。

（3）网络资源管理。

随着网络技术的不断发展，人们对网络的依赖程度也越来越高，各种网络资源呈现爆炸式增长。为了使网络中的海量资源能得到高效利用，管理员需要将网络资源按照有关规则分类，并利用网络软件提供多种服务，使用户能快速找到所需的网络资源。

（4）网络安全管理。

一个安全、可靠的计算机网络，对于用户信息使用和传输安全的重要性不言而喻。要做好网络安全,首先要有完善的安全机制,并通过使用防火墙、安全审计、虚拟专用网、数据认证、入侵检测、安全隔离和防病毒等技术,实现对网络的实时监控和维护。具体的措施有:①处理好网络访问鉴别和接入控制,防止黑客闯入盗窃或破坏数据信息;②做好安全报警设置、安全报警报告以及检查跟踪等安全监视措施;③及时恢复因网络故障而丢失的信息。

(5)网络故障管理。

网络故障是指网络系统在运行过程中出现服务中断或服务质量下降的事件。网络出现故障的原因是多方面的,可能是网络设备或传输线路发生故障,也可能是网络管理策略出现问题,这些问题的出现都会对业务的开展产生可大可小的不良影响。因此,在发现故障时要尽快妥善处理,首先要判断是网络设备管理软件问题还是硬件设备故障,分析故障发生的原因,网络管理员自身能否解决,是否需要请专家或专业公司支持,然后制订解决方案,最后恢复网络系统的正常服务。

3. 软件管理

软件系统运行的日常管理,包括对各种操作系统、应用系统、软件工具及文档的管理。系统管理员应定期查看操作系统、应用系统以及其他软件的运行情况,及时升级病毒库和打补丁,准确、完整地记录各种系统的正常运行状况,以及发生异常情况的时间、原因和处理结果。如果系统管理员无法解决问题,应寻求系统开发商等外部技术力量的支持。软件系统的运行维护一般包括以下内容:

(1)系统应用程序维护。包括纠错性维护和改进性维护。一是维持程序的正常运行;二是当用户的业务需求发生变化时,程序也要进行相应的修改和调整,以继续适应用户的要求。

(2)代码维护。当软件系统的应用范围扩大和应用环境发生变化时,系统中的各种代码需要进行一定程度的增加、修改、删除以及进行新代码的设置。

(3)数据更新。随着系统使用环境或组织业务的变化,业务处理对数据的需求也随之发生变化,系统中的各种数据也要相应进行更新。

(4)数据备份。系统管理员应及时、准确地备份系统有关数据,防止设备故障造成的数据丢失，降低灾害事件所带来的损失。

（5）病毒防护。必须要安装杀毒软件，并及时升级软件版本和更新病毒库，定期对系统查杀病毒，最大限度地降低系统被病毒感染的危险性。

（6）文档管理。包括系统开发过程的全部开发文档和系统在使用过程中的各种维护文档。此外，还应根据应用系统、数据、代码等升级维护时发生的变化，对相应文档进行修改，并对所进行的维护进行记载。

4. 安全管理

信息系统的安全管理是一项复杂、动态的系统工程，其目的是保证信息系统的安全，实现的过程涉及技术和管理两方面因素。其中安全管理制度是关键因素，因此素来有"三分技术，七分管理"的说法。信息系统安全管理的保障措施主要有以下几点：

（1）安全组织。负责安全策略、制度、规划的制定和实施，落实各种安全管理措施。

（2）安全人员。具体完成各种安全管理工作，是信息安全的直接操作者。

（3）安全策略。为信息安全提供管理指导和支持，是实现安全管理和技术措施的前提。

（4）安全技术。通过技术方面的手段对系统进行安全保护，是整个系统安全的基础部分。

（5）安全运作。包括安全服务的响应时间、安全工程的质量保证、安全的力度等。

（6）安全审计。利用专业安全审计系统或操作系统、数据库管理系统提供的审计记录功能，实时监测、记录和分析网络上和用户系统中发生的如网络入侵、内部资料窃取、泄密行为等与安全有关的事件，并阻断严重的违规行为。

3.8 信息系统的项目监理

3.8.1 信息系统项目监理的含义

为推进国民经济和社会信息化建设，加强信息系统工程监理市场的规范化管理，确保信息系统工程的安全和质量，信息产业部于2002年12月发布了《信息系统工程监理暂行规定》（信部信〔2002〕570号文）。该规定明确指出：信息系统工程监理是指依法设立且具备相应资质的信息系统工程监理单位，受业主单位委托，依据国家有关法律法规、技术标准和信息系统工程监理合同，对信息系统工程项目实施的监督管理。

监理单位是指具有独立企业法人资格，并具备规定数量的监理工程师和注册资金、必要的软硬件设备、完善的管理制度和质量保证体系、固定的工作场所和相关的监理工作业绩，取得信息产业部颁发的《信息系统工程监理资质证书》，从事信息系统工程监理业务的单位。

信息系统的项目监理单位是为信息系统项目建设而依法设立的社会化、专业化的中介服务机构。监理单位接受项目法人的委托和授权，在信息系统项目监理合同约定范围内，依据法律、法规、规章及有关技术标准，对信息系统项目的建设过程实施监督管理活动。监理单位在履行职责过程中，必须坚持服务性、公正性、独立性和科学性的原则。

在信息系统工程项目的建设过程中，以下几点进一步明确了实施监理的依据、定位和范围：

（1）信息系统项目监理的实施是有明确依据的项目建设行为。项目监理的依据是国家批准的项目建设文件、有关项目建设的法律法规以及本项目的委托监理合同和其他项目工程合同，并以此为准绳对项目建设进行监督、控制及评价。

（2）监理单位与项目业主单位、项目承建单位及材料和设备供应商等都是把项目建设作为行为对象和行为的载体，所以项目监理是针对项目建设开展监督管理工作。监理单位是经业主单位的委托和授权提供管理服务的机构，因此项目监理单位是项目建设管理的服务主体，而不是项目管理主体。

（3）项目监理的实施范围依据签订的委托监理合同而定，可以是监理项目建设的全过程，也可以是监理合同约定的部分阶段。对于信息系统工程项目而言，对项目建设实施全过程的监理更能保证项目监理的有效性。

3.8.2　信息系统项目监理的必要性

由于信息系统的科技含量高，涉及的领域宽广，因此在建设过程中具有投资大、周期长、高风险的特点。而且，信息系统的业主（建设方）因专业和项目建设经验的限制，自身缺乏对信息系统建设的控制能力，造成业主和承建单位在项目实施过程中存在信息不对称的现象，承建单位的话语权过大，项目实施行为得不到有效的监督。因此，无法保证项目的有效性、安全性和可靠性，出现系统质量不能满足应用需求、进度出现延期、资金使用不合理或超预算等现象。

为了减少信息系统项目建设的风险，保障业主和承建单位双方利益，有必要对信息系统建设进行有组织、规范化的监理。

3.8.3　信息系统项目监理的作用

信息系统项目监理的主要作用是对信息系统工程项目的质量、进度、投资、变更进行监督，协调有关单位间的工作关系，并对项目合同和文档资料进行管理。

监理单位熟悉国家有关法律和项目相关技术标准，在项目建设过程中可以帮助或代表业主监督工程实施，对信息系统建设的过程进行控制，合理地安排进度和投资，以保障工程质量。因此监理单位是帮助业主对工程有关方面控制的再控制，是对承建单位项目控制过程的监督管理。

在项目实施过程中，业主和承建单位由于角度不同，难免存在争议或冲突。对此，监理单位应以公正、公平和独立的立场，协调业主和建设单位之间的关系，通过专业的技术评审和组织机制来解决这些争议和冲突，以保障项目建设工作的顺利进行。

信息系统工程监理的作用最终将体现在项目验收和移交时资料是否完整上。通过执行信息工程监理的国家标准，使信息系统达到业主的应用需求，项目建设文档齐备，从而能顺利地通过验收并进行项目移交。

3.8.4 信息系统项目监理的内容

《信息系统工程监理暂行规定》第九条规定：监理的主要内容是对信息系统工程的质量、进度和投资进行监督，对项目合同和文档资料进行管理，协调有关单位间的工作关系。

信息系统项目监理是微观性质的项目监督工作，是针对具体的一个项目建设开展工作的，监理工作需深入到项目建设的各项工作中，所以和政府进行的行政性监督活动是有明显区别的。监理单位依靠自身的技能和经验，遵循相关的标准和规范，依据项目建设合同和用户需求，采用先进、科学、合理的适合信息系统工程特点的项目管理办法和手段，对项目的各个层面进行全方位、全过程的管理、控制和协调。其主要服务内容就是围绕重点、难点，制定出有针对性或特殊性的监理措施，降低、缓解项目建设中出现的各种风险，并将其转化和分解为通过监理单位在项目管理实践中建立的监理流程和管理方法（控制、管理、协调内容）可以控制的工作和任务，而对未转化的风险和建设过程中新出现的潜在风险，监理工作的重点、难点就是实时跟踪和识别这些风险，并采取相应的控制措施。

信息系统项目监理的重点工作是质量控制、进度控制和工程变更控制。

1. 项目建设过程中监理的质量控制

在项目建设的不同阶段，监理的质量控制内容不尽相同。

（1）审核本阶段工程设计及工程实施方案。

（2）审查承建单位及其人员资质（含质量管理体系 ISO 认证）。

（3）针对工程设计及工程实施方案，设置质量控制点及质量控制点的分类。

（4）确定不同类别质量控制点的控制程序及方法。

（5）审核验收结果，提出质量评估报告。

2. 项目建设过程中监理的进度控制

（1）依据批准的工程项目实施方案确定项目的进度目标。

（2）将工程项目的全过程划分为便于控制和识别的"工作"系列。

（3）编制工作一览表。

（4）根据工作一览表绘制工程进度横道图——甘特图。

（5）绘制工程进度网络图，确定工程进度关键路径。

3. 项目建设过程中监理的工程变更控制

（1）工程的任何变更都可能引起项目进度、投资或质量的变化，也就是可能引起项目目标的偏离。为此，监理单位应按照委托监理合同的约定严格控制和处理工程变更。

（2）任何变更必须由变更方提交申请。

（3）监理方审核变更，并对变更可能引起的项目目标变化提出监理预控意见。

（4）任何变更应经业主认可，并协助业主与承建单位签订工程变更的补充协议。

4　体育赛事信息管理系统

4.1　信息技术在举办体育赛事中的重要性

信息技术高度发达的今天，利用信息技术对大量、复杂的信息进行有效管理成为一种普遍而实用的手段。一方面，可大量减少簿记和人力的开销；另一方面，现代计算机强大的计算能力和网络的无处不在，极大地简化了信息处理工作。同样，利用信息技术手段组织和管理体育赛事是体育赛事信息化的一个重要体现，计算机和网络等信息技术在体育赛事中的应用日益广泛。现今国内外许多大型综合性体育赛事，如奥林匹克运动会、亚洲运动会、全国运动会、全国青少年运动会、各省青少年运动会等，或大型单项体育赛事，如世界杯足球赛、世界游泳锦标赛、世界羽毛球锦标赛等，在赛事举办过程中越来越多地依赖于信息技术。这些体育赛事普遍具有设置项目多、参赛运动员多、工作人员多、观众多和比赛时间紧等特点，甚至包括政治、经济、科技、文化诸方面内容。因此，现代体育赛事有着巨大的社会关注度和广泛的参与性，导致组织工作繁杂、工作量大和管理难度高。引用现代化信息技术手段，可以有效地提高办赛的工作效率，减少比赛过程中的人为因素，促进比赛的公正性，满足观众对体育赛事比赛成绩的准确性、公平性和实时性的要求。信息技术已成为现代体育赛事不可或缺的重要组成部分。

在现代体育赛事中，信息管理系统是信息技术应用的主要体现和重要组成部分。体育赛事信息管理系统是以竞赛信息服务为核心，为竞赛管理、赛事编排、流程控制、成绩处理、信息发布及体育展示等各环节提供高效和稳定的应用服务。在体育赛事的筹备阶段、比赛期间、比赛结束后，体育赛事信息管理系统不仅要完成运动员的报名报项、定义比赛项目、编排竞赛日程与竞赛计划、采集与处理成绩信息、生成打印各类竞赛报表、发布赛事的相关信息等竞赛服务任务，还要为赛事的组织管理和竞赛运转提供高效率支撑服务，为参赛运动员、教练员、官员、工作人员、现场观众、媒体人员及社会公众提供更多、更快捷的信息服务，并通过丰富的信息发布手段，展现体育比赛扣人心弦的过程和结果。

4.1.1 使用体育赛事信息管理系统的优势

1. 可以提高办赛的效率

由于举办体育赛事组织工作繁杂，各种业务关系也比较复杂，如职能部门之间的配合关系、工作人员与工作人员之间的协作关系，每一种关系都可能涉及多方面的因素。使用信息管理系统可以帮助厘清这些关系之间的业务流程，使部门之间和岗位之间能协同运作，从而提高举办赛事的效率。

2. 可以提升比赛的公平性

信息技术对体育运动的发展起着巨大的推动作用，大量的科技成果被运用到体育比赛的各个领域，如田径、游泳、速度滑冰、自行车等比赛的终点图像判读系统，跳、投等项目比赛的测量系统，篮球、排球、网球、羽毛球等球类项目的回放系统，足球比赛中的门线技术。这些信息系统的应用，使体育竞赛结果更加准确与客观，可大幅提高体育比赛的公平性。

3. 可以实现信息的共享

举办体育赛事涉及的职能部门多，使用的专业信息系统多。各职能部门之间能否实现数据共享，直接影响到赛事的组织效率甚至是成功与否。在建立一套统一的、法定的数据交换标准基础上，制定各类共享与交换数据的交换接口标准，使各信息系统之间的数据顺畅流通，从而实现整个赛事的信息共享。

4. 可以扩大赛事的影响力

通过体育展示系统、电视转播系统、评论员系统、官方网站等众多的信息系统，使媒体的宣传效应得以充分发挥，使运动员的竞技风采得以广泛展示，为广大体育爱好者带来美妙的视听体验，加深对体育的认识，吸引更多的人关注体育，从而扩大体育赛事影响的力度和深度。

4.1.2 体育赛事的特殊性对体育赛事信息管理系统提出了较高要求

1. 体育赛事的不可重复性，要求体育赛事信息管理系统具有可靠性

体育赛事区别于其他事物的一个显著特点是比赛的组织和进行是不可重复的。体育比赛不会因为赛事信息管理系统出现故障就重新举行。因此，要确保赛事信息管理系统能及时、准确和完整地完成各项任务。尤其是计时记分、成绩处理、信息发布等系统必须做到万无一失。在高级别的体育赛事中，为了保障赛事的顺利进行，信息管理系统除了在通信线路和关键设备上做好备份措施外，数据库系统与应用系统也必须有容错方面的考虑，能在出现故障时具备继续服务和迅速恢复数据的能力，并确保数据的完整性与正确性。

2. 体育赛事的实时性，要求体育赛事信息管理系统具有高效性

体育比赛会产生大量的竞赛信息，这些信息特别是比赛成绩信息必须实时通过各种形式进行发布，一方面是能让现场参赛运动员、教练员和工作人员及时掌握竞赛信息，以便有效合理地组织与管理现场比赛；另一方面是能让现场观众、电视观众和社会公众通过不同途径及时获取竞赛信息，享受到体育竞赛所带来的乐趣。因此，体育赛事信息管理系统必须要满足业务与服务实时性、及时性的要求。

3. 体育赛事的多样性，要求体育赛事信息系统具有针对性

体育比赛的竞赛方法比较复杂，一个项目可能有多种赛制，一个项目内各子项目的比赛方法也可能各不相同。如田径比赛中的跑、跳、投项目竞赛规则完全不同；体操比赛分团体比赛和个人比赛，项目包括自由体操、单杠、双杠、跳马、鞍马、平衡木和吊环等。这些比赛项目的竞赛规则各不相同，这就要求每个项目的信息处理系统功能各不相同。这个信息处理系统既要满足该项目竞赛规则和工作流程方面的要求，又要满足赛会对于各竞赛项目的特殊规程要求。因此体育赛事信息管理系统要具有针对性，每一个比赛项目都要有一个专用的信息处理系统。

4. 体育赛事的一次性，要求体育赛事信息管理系统具有短暂性

不同的体育赛事具有大小不一的差异性，即使是相同的赛事，前后两届也不可能完全相同，这是由于赛会的总规程，或者比赛项目的单项规程等方面可能存在差异，导致信息系统的处理流程不相同，下一届赛事的信息管理系统不可能一成不变地沿用上一届赛事的信息管理系统，或一个赛事的信息管理系统不可能完全不加调整地使用另一个赛事的信息管理系统。因此体育赛事的信息管理系统基本上是针对本届赛事的具体需求专门定制的，其生命周期伴随着赛事的周期具有短暂性。

4.2　常见的体育赛事信息管理系统

根据比赛规模的大小和设置项目的多少，不同体育赛事的信息管理系统所需的子系统不同。其中注册报名系统和成绩管理系统是所有体育赛事最常用的两个子系统，也是体育赛事信息管理系统中最基本的两个子系统。规模稍大的体育赛事信息管理系统还包括计时记分系统、体育展示系统、信息发布系统、志愿者管理系统、电视评论员系统、成绩打印分发系统、票务系统和官方网站等众多子系统。在不同的体育赛事中，这些子系统有多有少，可能相对独立，或者相互交叉。本章对注册报名、计时记分、成绩管理、体育展示和信息发布等 5 个常见的子系统分别进行介绍。

4.2.1　注册报名系统

体育赛事注册报名主要是完成运动员注册、报项、资格审查，代

表团官员、裁判员、组委会工作人员以及志愿者注册等工作。注册报名工作是大型体育赛事最复杂的专业性任务之一，也是大型赛事中难度较大的一项工作。注册报名工作处理不好将导致运动员参赛混乱、比赛编排紊乱，直接影响到赛事比赛的秩序。各种体育赛事的注册报名需要根据所对应等级的赛事的惯例做好服务工作，将注册报名工作完成在赛前，尽量缩小不确定因素的范围与规模，减少赛时临时报名的工作量，避免比赛前出现忙乱的局面。

早期的体育赛事注册报名工作基本采用传统纸质、手工统计的方式，导致赛事组织者的工作量大，而且容易出现数据丢失、数据重复或数据错乱等现象。随着网络的普及、软件开发技术的成熟和开发成本的下降，越来越多的体育赛事提供通过互联网或现场使用信息系统完成注册报名的方式。特别是奥运会、亚运会、全运会等大型综合性体育赛事，为组委会官员、运动员、代表团官员、志愿者、媒体工作者等各类人员提供网络注册报名服务。参赛代表团在网上注册并提交参赛运动员、代表团官员的资料后，组委会工作人员可通过注册报名系统审核相关资料，确保只有符合资格的人员才可以参与该项赛事；媒体工作者、志愿者等也是通过系统注册后获得相应的参与赛事身份。采用注册报名系统既为参赛人员提供了便利，也减少了相关工作人员的工作量，提高了办赛效率，降低了错漏的发生率，还为赛事管理系统的其他子系统提供了基础数据。

注册报名是确保赛事顺利进行的一项重要工作，参与赛事的各类人员须按照组委会的相关规定注册报名。小型体育赛事如学校运动会、地方单项协会举办的比赛，由于规模小、时间短，参赛运动员、工作人员和裁判员等人数少，一般只通过网络或现场录入的方式完成参赛运动员报名报项及资格审查功能。但在大型综合性体育赛事中，由于参与赛事的人数众多，除了参赛代表团的官员和运动员外，还包括组委会官员、裁判员、赛场工作人员、志愿者、媒体工作者、安保人员等，所以要重视赛前的注册报名工作。

1. 主要功能

通过注册报名系统采集到的原始数据，是整个赛事管理系统的数据源。组委会工作人员把通过审核的注册报名人员数据，导入相应的子系统作为基础数据。如成绩管理系统需要根据报名报项信息来编排赛程，安排裁判员和工作人员；证件制作需依赖注册报名信息，提前或现场制作各类人员的证件；后勤服务依据参会人员信息，安排接送、住宿、就餐等服务。因此，注册报名系统中收集到的数据是否完整、准确，对赛事的赛前准备工作是否充分，以及比赛能否顺利举办有极大的影响。

注册报名系统主要完成下列功能：

（1）为参加比赛的运动员提供报名、报项服务。支持网络报名、表单导入和现场手工录入，支持本人报名及代表团报名两种方式。

（2）为参与赛事的组委会工作人员、安保人员、裁判员、媒体工作者、志愿者等提供注册服务。支持网络报名、表单导入和现场手工录入等常用方式。

（3）审核注册人员资格。系统应具备身份证识别仪智能接口，能根据位数自动检查身份证号的有效性。

（4）自动提取注册资料，快速生成报名清单。

（5）自动生成注册资料打印模板，能批量打印参赛证。

（6）赋予合格的注册人员相关的通行权限。

（7）为每一个注册人员制作身份注册卡，利用身份注册卡可以识别注册人员和确定其被赋予的相关的通行权限。

2. 注册报名流程

注册报名系统及其业务流程设定的主要目标是为参与赛事的所有人员提供注册、认证、审查、授权、制证等服务。根据服务对象的不同将注册报名流程分为如下两种类型。

（1）运动员报名报项流程，如图4-1所示。

（2）组委会工作人员、裁判员、志愿者、安保人员和媒体工作者的注册报名、资格审查和证件制作流程，如图4-2所示。

通过互联网或现场提交个人和团体的报名信息

分类管理不同项目(小项)的报名表

审核竞赛报名人员的参赛资格

确认报名人员名单

生成竞赛报名报表

为成绩系统提供竞赛报名信息

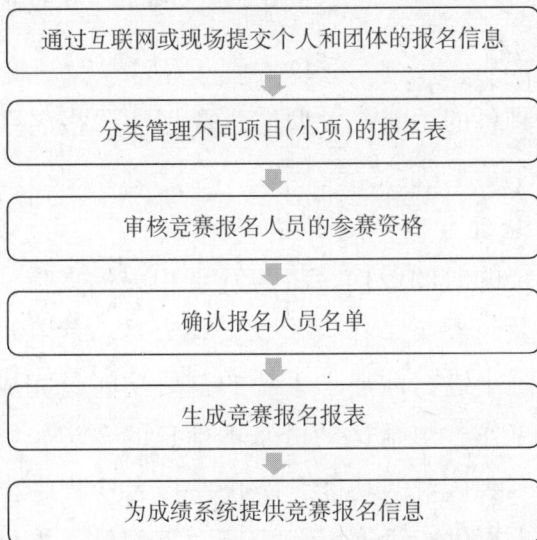

图 4 - 1　运动员报名报项流程

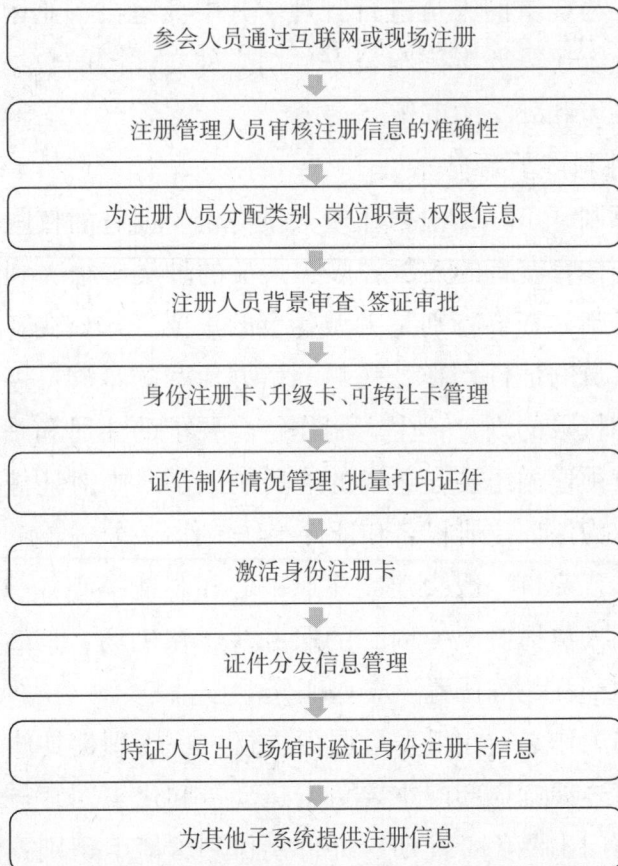

参会人员通过互联网或现场注册

注册管理人员审核注册信息的准确性

为注册人员分配类别、岗位职责、权限信息

注册人员背景审查、签证审批

身份注册卡、升级卡、可转让卡管理

证件制作情况管理、批量打印证件

激活身份注册卡

证件分发信息管理

持证人员出入场馆时验证身份注册卡信息

为其他子系统提供注册信息

图 4 - 2　组委会工作人员、裁判员、志愿者、安保人员和媒体工作者的
注册报名、资格审查和证件制作流程

3. 两个子系统

根据系统应具备的功能，大型体育赛事注册报名系统可以分为注册和证件制作两个子系统。

（1）注册子系统。

在比赛前规定的时间段内，将与赛事相关的人员，包括代表团官员、运动员，以及组委会工作人员、安保人员、裁判员、志愿者、媒体工作者等在系统中进行注册。系统的首要功能是完成参赛运动员的注册和资格审查工作，包括运动员基本信息的登记、资格审核和报项的跟踪，并实现多级核对的功能，防止在报名过程中出现差错。把通过审核的注册数据提供给竞赛部门进行赛事编排，提供给安保部门进行证件制作，提供给接待部门进行接待和车辆的安排，提供给新闻宣传等部门对参与赛事的人员进行管理。其中奥运会、亚运会等国际性赛事的注册系统还需要考虑与公安部门、外交部门的数据交换，实现外籍人员出入境和外交的审核。

（2）证件制作子系统。

负责赛事制证工作，根据注册人员身份、拥有的权限制作其工作证件。因参与体育赛事的人数较多，人员的种类多样，利用证件来实施人员管理是举办赛事特别是大型赛事的重要工作。在赛前有条不紊地完成各类人员的证件制作，是顺利举办比赛的基础。组委会根据人员证卡种类和权限的划分，生产制作符合要求的注册和临时证件。制证系统的建设须遵循组委会颁发的注册制证手册中对证件管理所作出的各类规定。为保证注册报名和证件制作工作高效、准确、有序进行，大型综合性体育赛事一般会建立注册中心和制证中心各一个。国际性赛事会为各国人员提供便捷周到的服务，还在机场、车站、港口以及贵宾驻地、团部驻地等位置设立制证分中心。

注册报名工作必须在组委会层面进行统一管理，具体业务由不同职能部门负责。如竞赛部门主要负责运动员和代表团官员的参赛资格审核；技术部门主要负责注册、证件制作和智能卡识别系统的技术支持；安保部门是注册中心的主要责任部门，负责项目的牵头、注册制证的运行等工作。在各司其职又相互配合的情况下，才能完成好赛事的注册报名工作。

4.2.2 计时记分系统

计时记分系统是根据竞赛规则对比赛过程中产生的成绩信息进行采集、数据处理、监视、量化处理、显示公布的工作过程，由计时、记（评）分、测量、显示、传输等硬件设备，以及数据采集、处理、集成等软件部分组成，主要采集、记录从开始到结束整个比赛过程中产生的比赛数据，并将这些数据按照比赛规则处理后发送给相关的系统。

计时记分系统是体育竞赛活动最基本的系统，它由测量和采集比赛成绩的一系列软、硬件设备及专业布线系统组成，用于计算或记录比赛中运动员所用的时间、完成的距离、所得的分数、取得的成绩，并把数据实时传送到现场成绩系统和电视上，并实时显示在比赛场馆的屏幕上。每一个计时记分系统都是多台（套）设备、多种技术集合、多地点同时工作的一整套技术系统。

由于体育竞赛的不可重复性，因此计时记分系统涉及的软、硬件设备必须具有极高的灵敏性、稳定性和可靠性，确保收录的信息准确、实时、快捷和权威。根据体育比赛中项目及竞赛规则的不同，大致可以将竞赛分为计时类、记分类、重竞技类、记环类等类别。每一个体育单项竞赛项目，都有与各项目竞赛规则相对应的计时记分系统。不同项目的计时记分系统虽然不相同，但都是各单项成绩处理系统的前级采集系统，直接担负竞赛核心的裁判工作，是现场成绩系统的前端基础系统，并担负着向现场成绩系统提供原始比赛数据的任务。

1. 常见的计时记分设备

计时记分系统提供的主要信息有：记分、判罚、裁判评分、测量、比赛时间、分段时间、比赛过程中的名次、比赛胜负和倒数时间等。常见的计时记分设备有：

（1）计时设备——是指测量、获取比赛结果所需的专用计时设备及其相关设备。如田径、游泳、自行车等比赛中的计时设备。

（2）测量设备——是指测量比赛结果所需的设备及其相关设备。如田径比赛中跳、投类使用的电子测距设备。

（3）比赛计时设备——是指为满足比赛计时要求及特殊要求所需的设备。如篮球比赛中的计时器。

（4）记分设备——是指举行比赛所需的记分设备及其相关设备。如网球、羽毛球、乒乓球比赛中的记分器。

（5）显示设备——将采集到的比赛成绩发布在电子显示屏上，方便运动员、媒体和观众等第一时间获取比赛状况。

（6）接口设备——是计时记分系统中各种设备与其他各子系统之间进行数据交换的界面匹配设备。

（7）裁判打分器——是指提供给裁判用于录入分数的设备。如跳水、拳击、柔道、摔跤、跆拳道等打分项目中的打分录入器。

在体育比赛中还会用到一些辅助设备，如总计时表、倒计时表、风向测定设备和一些赛事特定的记分牌等。

2. 系统分类

根据各竞赛项目的分类，计时记分系统可分为以下几类：

（1）竞速类项目系统。

不同等级的赛事对时间精度的要求有差异，高水平比赛部分项目的计时精度0.001秒。采用以电子信息技术为主的计时记分系统，可在一定程度上减少人工操作引起的误差，极大地提高竞速类项目比赛的公正性。

（2）评分类项目系统。

评分类项目的数据量大，分数计算方法复杂，比赛过程中突发变化因素多，部分项目有可能同时进行多场比赛，而且要求在很短的时间内准确完成比赛成绩的记录、计算、统计和排序工作，并将成绩及时发送给现场显示、电视转播等系统。因此评分类项目的计时记分系统时效性要求极高，是提高裁判工作效率和维持比赛顺畅的重要保证。

（3）记环与记分类项目系统。

记分类项目的计时记分系统采集运动员的比赛成绩，并迅速传递给成绩处理、现场显示、电视转播等系统。有些比赛项目，如田径跳远、三级跳远，采用电子设备取代人工进行比赛成绩的测量工作，测量精度可以达到几十微米，可大幅减少手工测量引起的误差；另有部分项目，如举重、现代五项等，计时记分系统还须起到引导比赛流程的作用。

（4）对抗类项目系统。

对抗类项目是综合性运动会中种类最多的项目，评分形式多样，需要根据比赛项目的规则由裁判员进行具体判断；记分形式简单、直观，观众可以对比赛结果进行直接判断；对抗类项目对比赛时间的采集与竞速类项目的类似，并依据双方的比赛用时判断胜负。对抗类项目的计时记分系统，是通过显示的方式辅助比赛的进行，同时为体育展示系统、现场显示系统和电视转播系统提供服务。由于大部分对抗类项目的比赛时间较长，系统和设备需要长时间连续运行，因此需要具有较高的可靠性和稳定性。

总而言之，计时记分系统是举办体育赛事的基本技术设施。好的计时记分系统，可以快速、准确地获取运动员的比赛成绩，同时把相关信息及时地在大屏幕设备上显示出来，让在场的嘉宾、评委、观众都能及时了解到最新的赛场信息。计时记分系统运行是否正常，关系到比赛是否公平、公正，并直接影响到整个体育比赛的顺利进行。

4.2.3　成绩管理系统

大型体育赛事信息管理系统是一个集合多种功能的系统工程，其中直接为竞赛服务的成绩管理系统是核心子系统。成绩管理系统是以竞赛信息服务为主要线索，通过竞赛专用网络，提供竞赛管理、赛事编排、比赛进程控制、成绩处理、成绩打印颁发和信息发布等服务的信息管理系统。

成绩管理系统是面向竞赛和媒体服务的核心信息系统，信息资源来源于注册报名系统和计时记分系统。与计时记分系统一样，因不同项目的竞赛规则不同，每一个竞赛项目都需要一个专用的成绩管理系统。

小型体育赛事的成绩管理系统仅需完成单个比赛现场成绩数据的采集、处理和发布。大型综合性体育赛事成绩管理系统则要收集多个竞赛场馆、多个比赛项目的比赛数据，在对这些数据经过加工处理后，对外提供综合信息服务，由此产生的信息传输及交换量大大增加。是否具有综合成绩处理的能力，是区别大型综合性赛事与小型赛事的重要标志。因赛事的规模大小不同，成绩管理系统所具备的功能和模块具有较大的差异，一般把成绩管理系统划分为中央成绩系统、场馆成绩系统和现场成绩系统三个层次。其中现场成绩系统是所有赛事都应具备的成绩管理子系统；规模较大的赛事由于比赛项目多、使用场馆多，组委会为更好地组织、管理和掌握比赛进程，还须部署场馆成绩系统和中央成绩系统。

1. 现场成绩系统

现场成绩系统是部署在比赛现场用于竞赛组织与管理（赛程编排、赛程管理），成绩采集与成绩处理（接收计时或记分设备的成绩、手工现场成绩录入，排名、晋级等处理），现场成绩分发与信息发布（成绩打印分发、数据交换），实现对现场比赛成绩的处理的系统。

现场成绩系统的主要任务是管理、监控和控制所有的比赛项目，并生成有关赛会所需的信息和报表，在比赛进行过程中提供准确快速的比赛信息。

现场成绩系统的主要功能有：赛程编排，比赛场次管理和控制，录入或接入来自计时记分系统的比赛成绩信息，对比赛成绩进行处理，把处理后的比赛成绩发送到打印、展示等终端。其中赛程编排和成绩打印分发是两个核心功能模块。

（1）赛程编排。

体育比赛的开展是建立在赛程编排的基础之上的。赛程编排是利用信息技术根据确定的竞赛规则和测算的运动员报名、报项数据，以及各个比赛场馆的场地块数、比赛时长和场次间隔等数据，编制出各项目的比赛赛程，然后进行综合评估和动态调整，使之符合组委会对赛程的编排原则。

赛程编排模块一般具有如下功能：

①赛事项目模板功能：收集各种比赛项目的详细信息；了解各种比赛项目的自身特征；建立关于比赛项目的详细数据档案；形成赛事

描述项目特征的项目模板，以备赛事计划之用。项目模板包含的比赛项目可以涵盖任何运动会设置的全部比赛项目。

②赛程计划编排功能：根据单项赛程的特征，进行细致的各单项赛程自动编排后，经过汇总和统计，自动得到运动会的总赛程表。总赛程表包括各个项目的比赛分布在哪些天，比赛总天数，每天能决出多少块金牌，一共有多少块金牌等。

③赛程规划指标功能：对各种设计方案提供科学的参考指标，用于衡量赛程计划表现形式的直观性、美观性，显示赛程计划的优劣程度。

④赛程审批发布功能：无论是各单项赛程还是总赛程，都需要经过审批之后才能给其他单位部门查阅，只有经过审批之后赛程才能正式发布。

⑤赛程编排版本控制功能：能提供各个赛程计划的版本控制，保留各种修改信息。

生成的赛程信息，可以具体到某一个时间点某一个场地的某一个比赛，并可以人工进行调整。通过编排的赛程信息，可以生成竞赛系列报表，如单元竞赛日程、详细竞赛日程等。

（2）成绩打印分发。

成绩打印分发主要负责管理和监控成绩报告的打印，通过打印和复印以纸质的形式分发成绩信息。成绩打印分发的内容主要是与赛事相关的重要信息，尤其是与成绩相关的信息。如：竞赛日程、各参赛队的报名信息、已结束的部分成绩以及即将开始比赛的出场名单、最新的奖牌榜等。成绩打印分发的服务对象与报告类型如表4－1所示。

表4－1　成绩打印分发服务对象与报告类型

服务对象	报告类型
竞赛团队	竞赛日程、报名报项、出场名单、比赛成绩、比赛成绩汇总、破纪录统计、数据统计、奖牌等
媒体	竞赛日程、出场名单、比赛成绩、比赛成绩汇总等

为确保成绩报告准确无误，在打印分发前需要有一套严谨的确认流程，如图 4-3 所示。

```
┌─────────────────────────────────┐
│         比赛现场生成成绩          │
└─────────────────────────────────┘
                 ↓
┌─────────────────────────────────┐
│             成绩主管             │
└─────────────────────────────────┘
                 ↓
┌─────────────────────────────────┐
│          编排主管或专人          │
└─────────────────────────────────┘
                 ↓
┌─────────────────────────────────┐
│          技术代表签字确认        │
└─────────────────────────────────┘
                 ↓
┌─────────────────────────────────┐
│  编排主管或专人核对技术代表签字确认的成绩  │
│     （如有错误,启动修改程序）    │
└─────────────────────────────────┘
                 ↓
┌─────────────────────────────────┐
│          复印给成绩主管          │
└─────────────────────────────────┘
                 ↓
┌─────────────────────────────────┐
│          确认为官方正式成绩      │
└─────────────────────────────────┘
                 ↓
┌─────────────────────────────────┐
│          成绩打印与分发          │
└─────────────────────────────────┘
```

图 4-3　成绩打印分发确认流程

现场成绩系统分散在各比赛现场并直接为竞赛管理和比赛服务，是竞赛组织管理工作不可或缺的一部分。

2. 场馆成绩系统

场馆成绩系统是运行于比赛场馆负责现场成绩处理的所有协同技术系统的总称，是现场成绩系统和中央成绩系统之间联系的纽带，担负着为赛会其他子系统提供竞赛成绩信息的任务。

每个场馆成绩系统都是一个相对封闭的系统，具有独立运行服务的能力，为一个或多个比赛现场提供服务。相比于现场成绩系统一般只为一个比赛项目服务，场馆成绩系统是一个多信息源的信息派发、数据交换及成绩统计系统。因此，场馆成绩系统既要符合单项国际规则，满足赛会总规程与单项竞赛规程的要求，还要求所有流动的信息必须有统一的数据格式。

场馆成绩系统的主要功能是协助现场竞赛组织与管理、成绩采集与成绩处理、现场信息交换与信息发布工作。场馆成绩系统通常包括赛事编排管理模块、赛果管理模块、场馆本地报表模块、电子显示牌接口模块、电视图形接口模块、计时记分系统接口模块、电视评论员信息系统接口模块。

即使在一些大型体育赛事中，也不一定设置独立的场馆成绩系统。有些赛事的现场成绩系统包含了上述功能模块，并直接与中央成绩系统相连。

3. 中央成绩系统

中央成绩系统是场馆成绩系统的综合业务系统和数据存储中心，主要功能是统计汇总各竞赛及训练场馆与比赛相关的各类信息，如运动员、官员、竞赛项目、竞赛赛程和竞赛结果等信息。中央成绩系统还负责设置运动会规模、比赛项目、破纪录项等运动会参数，以及编排运动会赛程。在对这些信息进行一定的分析综合处理后发送给其他系统，其他系统也可以通过对中央成绩系统的接口进行查询获取想要的数据。

中央成绩系统在赛前通过与注册报名系统连接，获取所有运动员、官员的身份信息和参赛信息；在比赛期间，现场成绩系统将获取的第一手竞赛成绩通过场馆成绩系统发送给中央成绩系统，中央成绩系统接收、处理及存储这些信息，并将其转发到需要的系统，如综合信息服务系统、评论员信息系统和报表打印分发系统等面向竞赛与媒体提供信息服务的系统。因此，中央成绩系统是位于场馆成绩系统和信息服务系统之间的信息交换与服务的支持系统。

中央成绩系统的主要工作如下：

（1）统筹运行：确保包括中央数据库、综合成绩处理和打印分发、成绩核查与查询、信息发布接口等中央级赛事成绩服务正常运行；与场馆成绩系统保持畅通，随时了解各场馆计时记分、仲裁录像、场馆成绩系统服务和赛事成绩系统前期数据准备的情况，确保各场馆赛事成绩服务正常运行。

（2）监控保障：监控赛时各场馆成绩系统的运行情况，监控场馆成绩系统与中央成绩系统的数据传输情况，对可能出现的问题进行前期预警，并采取预防措施。

（3）汇总发布：完成各项目比赛成绩的汇总、奖牌榜统计、破纪录统计等工作；为综合查询系统、官方网站等外界系统提供及时、准确的成绩信息。

4. 竞赛业务处理流程

体育赛事的核心是竞赛，各项筹备、组织工作都是围绕竞赛开展的。按照开展竞赛的时间顺序，一般可分为赛前、赛中和赛后三个阶段。成绩管理系统的业务处理流程，相应地也划分为赛前、赛中和赛后三个阶段。

（1）赛前。

①公共代码与基础数据管理。

中央成绩系统从注册报名系统获取所有运动员、官员的身份信息和参赛信息。场馆成绩系统从中央成绩系统下载公共代码与基础数据，以确保各场馆成绩系统项目的数据共享与交换代码的一致性。

②报名报项管理。

场馆成绩系统从中央成绩系统下载本场馆项目的所有运动员资料与报项资料。现场成绩系统打印运动员花名册、运动员报项报表以及运动员报名报项的各类统计表。并把修改过的运动员报名报项信息发送至中央成绩系统进行更新，以确保数据的一致性。同时，现场成绩系统在赛前将运动员报名报项数据发送给有需要的其他系统。

③竞赛计划管理。

场馆成绩系统从中央成绩系统下载关于总竞赛计划以及本场馆项目的竞赛日程计划。场馆成绩系统在此基础上根据比赛项目的报项资料，进行详细的竞赛计划的编排，并将结果上传到中央成绩系统中央数据库，以供信息发布之用。同时，现场成绩管理系统在赛前需要将运动员报名报项数据通过数据接口颁发给其他子系统。

④报表计划管理。

在编排详细竞赛计划的基础上，编排每一个竞赛计划细节中所需要打印与发布的报表计划。

（2）赛中。

①秩序单管理。

在每一场比赛前，现场成绩系统需要编排秩序单，打印后提交编排记录组进行确认。现场成绩系统将确认后的秩序单发送给场馆成绩系统并上传至中央成绩系统。

②时间管理。

计时设备除了把比赛用时或剩余比赛时间通过现场显示屏实时展示给运动员、裁判员和现场观众外，还将时钟信息发送至电视字幕子系统，使电视观众也可以清楚地看到比赛时间信息。

③实时成绩管理。

一些比赛项目需要在大屏显示控制子系统、电视评论员系统、电视字幕子系统等信息发布的界面上显示实时比赛成绩信息。计时记分设备系统或球类的技术统计系统将实时成绩发送给现场成绩系统，经现场成绩系统处理后导入到场馆成绩系统中。与此同时，现场成绩系统还将实时成绩发送给大屏显示控制子系统、电视字幕子系统、电视评论员系统等不同子系统。

④成绩单管理。

每场比赛结束后，现场成绩系统根据竞赛规划与竞赛规程，将运动员的比赛成绩经过处理后，生成并打印成绩单，并将成绩单的数据发送至场馆成绩系统、中央成绩系统和其他子系统。

⑤成绩公告管理。

中央成绩系统汇总所有场馆的比赛成绩信息，在进行一定的分析处理后，将单项比赛成绩汇总、奖牌榜统计、破纪录统计等结果发送给信息发布系统。

（3）赛后。

①破纪录公告管理。

有破纪录的比赛项目，除了在每场比赛结束后打印破纪录报表外，在全部小项比赛结束后，还须整理出破纪录综合报表。

②奖牌清单与奖牌统计管理。

在全部小项比赛结束后，需要打印该项目的奖牌清单与奖牌统计报表。

成绩管理系统是为特定的赛事专门建设，它所具备的功能模块和业务流程是本届赛事所特有的。但各项目的成绩管理系统必须遵循赛会的总规程和各单项比赛的规程。

4.2.4 体育展示系统

体育展示是指向现场和电视观众展示体育的一种方式。它是通过现场的播报员、解说员、现场大屏幕、记分屏，以及各类表演，将赛场打造为类似于舞台的表现形式。《国际奥委会技术手册》中对体育展示是这样描述的：体育展示是一项系统工程，是竞赛组织中必不可少的一个组成部分，吸引着国际单项体育联合会、媒体和观众的高度关注，它几乎成为最为重要的展现主办者文化的途径和方式。所以，体育展示已经成为奥运会的脸面和形象。

1. 主要作用

体育展示的主要服务对象是现场观众、运动员和媒体，赛会组织者在比赛过程中运用视频、音频和表演等元素来烘托比赛现场的气氛，激发观众热情，力图让赛场呈现出一种舞台化的效果。体育展示的主要作用是：

（1）体育展示是竞赛组织和场馆运行中必不可少的环节，也是确保比赛顺利进行的必要手段。

（2）体育展示是展示和传播主办者文化、活跃现场气氛，以及保障赛场文明的最直接方式。

（3）体育展示可以拓展体育市场，提高上座率，并直接影响电视转播的收视率。

（4）体育展示是维护赛场安全的因素之一。

2. 主要功能

在赛事举办期间，体育展示是通过信息系统利用声、光、电、气等元素，刺激观众的听觉、视觉、嗅觉等多元感觉，向现场观众和电视观众展示出丰富的文化内涵、精彩的竞技画面、欢腾的现场气氛等。一个完整的体育展示系统应具备以下功能：

（1）音频播放：在体育比赛或其他体育运动的过程或间歇中，通过体育场馆内的扬声器系统，适时地播放预先编辑好的音频文件。

（2）视频播放：在体育比赛或其他体育运动的过程或间歇中，通过体育场馆内的 LED 显示设备等，适时地播放预先编辑好的视频文件。

（3）播表制作：可以预先制作播表（播放列表），将音频或视频文件的播放顺序固定下来，系统可以自动播放。

（4）自动展示：可以根据预先编制好的播表，进行全自动的体育展示。

（5）播放控制：为满足现场的实际需要，可以对音频、视频文件的播放进行控制，如开始播放、停止播放、插入播放等。

（6）音频调节：在音频播放过程中，可以通过调音台进行频率调节、切换等，以满足现场的实际需要。

（7）视频切换：通过视频切换设备，可以进行视频切换，使某个 LED 显示屏输出指定信号，如宣传片、广告、运动员特写、比分信息、电视直播信号等。

3. 表现形式

从体育展示系统的功能来看，视频、音频和表演是体育展示的三种主要表现形式。

（1）视频表现指在竞赛场馆的大屏幕上播放视频图像、图表和文字等内容，方便现场观众、教练员、运动员和裁判员等欣赏比赛的精彩片段、花絮，以及赛区的人文景观。

（2）音频表现主要指与比赛进程相吻合的系统音乐，包括开场音乐、运动员入场音乐、裁判员和运动员介绍音乐、信息通报音乐、提示音音乐、颁奖仪式系列音乐、比赛结束音乐、观众退场音乐等。

（3）现场表演是指在比赛的开场、退场和间歇期，为了活跃赛场气氛而进行的短小精悍、富于动感、符合比赛项目要求和特点的表演活动。现场表演的主要作用是填充比赛间歇的空当，丰富赛场内容，渲染赛场气氛，增强赛事的观赏性和娱乐性，提升赛事的艺术表现力和文化内涵。

4. 分类

体育展示包括竞赛展示和文化展示两个部分。

（1）竞赛展示。

竞赛展示是按照国际单项体育联合会规则，以及赛会竞赛规程的相关规定，通过现场显示屏和语音广播进行比赛进程控制、赛前仪式、赛后颁奖等展示行为。体育展示是代表体育赛事的组织行为，首先要为竞赛服务。通过记分牌、时间提示、场馆安排、赛程提示、现场播报等语言指引，为运动员、现场观众和媒体等提供赛事信息；通过大屏幕、电子记分屏等显示设备，展示比赛精彩片段、赛程、比赛时间、实时比赛成绩信息、破纪录信息、竞赛通告、奖牌榜等信息；通过播音员的专业解说，向现场观众介绍项目的竞赛方法、竞赛规则、违例处罚等，带给观众更多的比赛项目知识及参赛运动员（队）的背景资料，使观众能更好地欣赏比赛，并引导观众融入比赛氛围，为运动员加油助威。

（2）文化展示。

文化展示是为了展示赛事举办国（地区）的文化，加强与现场观众的互动，在比赛前后和间隙借助视频、音乐、表演等形式开展文体娱乐活动，从而促进与参赛国（地区）文化的交流，营造赛事文化氛围。体育运动作为一种独特的文化，体育展示在文化交流方面有独特的作用。体育在体育赛事中的文化展示主要是通过开闭幕式和赛场上的表演来实现的。

"人文奥运"是2008年北京奥运会三大理念之一。体育展示是"人文奥运"在奥运赛场上体现的手段，体育展示所表现的赛场文化成为"人文奥运"的重要组成部分。

北京奥运会的开幕式为全球观众带来了一场视听盛宴，向世界展示了一个天人合一、以人为本、积极向上、入世有为、和而不同、博爱大度的充满中国特色的传统文化，体现了中国传统文化鲜明的民族特色、悠久的历史、博大精深的内涵。

在北京奥运会赛场上，既有啦啦操表演和现场互动表演等常见体育展示方式，也有中国传统武术与技巧、中国文化和民俗等富有中国特色的表演。通过开闭幕式和赛场上的表演，北京奥运会将最能体现中华民族特色的文化呈现给世人，推动了中外文化的交流。

2010年广州亚运会开闭幕式的文化定位是"立足中华文化、融合亚洲文化、彰显岭南文化"。开幕式以"水"为主题，以城市为背景、以珠江为舞台，通过极具岭南特色的文艺表演和情景展示，描绘了一幅千年羊城的画卷，向全世界展示了拥有悠久历史文化的岭南古郡和融合各国文化的现代大都市形象，打造出一场融合岭南文化、中华文化、亚洲文化和体育文化为一体的激情盛典。

在比赛现场则通过富有广州文化特色的舞蹈及充满动感的啦啦操表演，并在音乐、服装和道具等方面融入多种岭南元素，展示体育文化和广州的文化特色。

为营造良好的现场气氛和保障赛事的顺畅进行，一些赛事在比赛前后或间歇通常推出现场观众互动游戏和啦啦队表演等节目，加上播音员的临场解说和动感十足的音乐，创设与比赛项目特征相适应的激情环境，调动现场观众的热情，来为运动员加油鼓劲。如NBA、CBA等篮球比赛中的"篮球宝贝"和吉祥物表演，世界杯、欧洲杯和中超等足球比赛前及中场休息时间的文艺表演等。

5. 适用场合

体育展示系统适用于单项体育比赛、小型综合运动会、大型综合运动会等体育赛事，如单项锦标赛、俱乐部联赛、民族运动会、全国运动会，以及亚运会、奥运会等。在赛事中，具体的展示场合举例如下：

（1）赛前展示：在体育比赛前，播放赛事介绍、项目简介、观众须知等相关展示信息。

（2）入场仪式：在运动员入场时，播放指定音乐或进行参赛队伍介绍。

（3）赛中展示：在体育比赛过程中，进行比分信息、运动员特写、影像回放等的展示，同时可以进行赛事的解说播放。

（4）比赛间歇展示：在比赛间歇中，播放预先准备好的指定音乐，以烘托现场气氛。

（5）啦啦队展示：在比赛暂停、间歇，或比赛开始前和结束时，播放啦啦队音乐，进行啦啦操现场表演等。

（6）典礼仪式展示：在颁奖典礼中，进行相关的音频和视频展示。

（7）赛后散场：在散场时，播放指定音乐等。

6. 系统结构

体育展示系统从构造上可划为三个主要部分：体育展示对象、体育展示控制区域、体育展示设备装置，如图4-4所示。

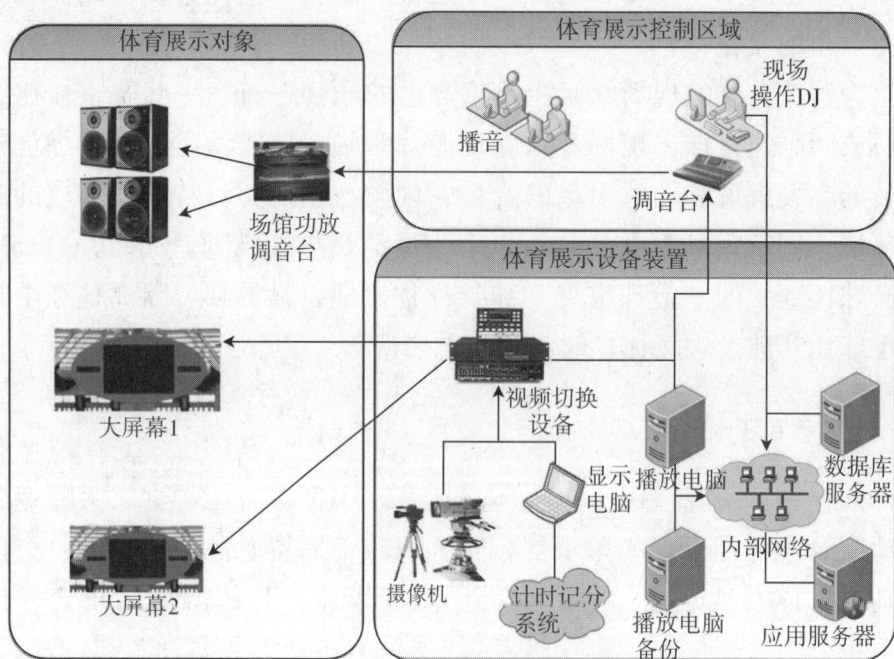

图4-4　体育展示系统结构图

体育展示系统是集艺术（媒体）、体育（竞赛）、技术（集成）于一体的系统，是展现赛事主办者文化的重要途径和方式，从而受到了国际和国内体育组织的高度重视。

4.2.5　信息发布系统

信息发布系统是指在竞赛场馆利用显示屏、触摸屏显示比赛的相关数据信息，以及通过互联网、电视、广播等渠道向社会公众发布有关赛事的动态和静态资讯，帮助运动员、现场观众等赛事参与者和广大体育爱好者及时了解赛事进度、赛事成绩、特别通知等信息。

1. 主要功能

体育赛事信息发布系统的信息来源于成绩管理系统，主要使用者是赛事组织者和裁判员，主要服务对象是运动员、教练员、媒体工作者和观众。信息发布系统一方面是通过现场显示设备向参赛运动员、教练员和现场观众发布竞赛信息，使他们了解比赛进行的时间和结果，方便教练员和运动员调整比赛战术和控制比赛进程；另一方面是通过电视和网络向社会公众提供比赛信息，使广大体育爱好者能及时了解比赛的进程和结果，借此扩大赛事的影响力。

信息发布系统的主要功能是：

（1）信息采集。收集必要的信息，如比赛时间、场馆、参赛运动员、比赛过程、比赛结果、比赛图片和视频、天气和交通情况等信息。

（2）信息管理。对信息发布系统中的基本信息数据进行管理，如屏幕资料登记管理、天气预报资料管理等。

（3）信息展现。提供对各种信息的外部显示，包括呼叫中心、户外大屏幕、移动电视和触摸屏终端的展示。

（4）信息交换。提供信息交换的平台，进行数据交换和信息共享。

2. 主要内容

在体育赛事举办期间，主办者一般会发布如下信息：

（1）比赛日程：展示整个比赛期间的所有体育项目的赛程。

（2）比赛成绩：主要展示赛事当天的比赛信息及结果。

（3）赛时新闻：主要展示赛事新闻。

（4）简历信息：主要用于展示运动员（运动队）和教练员简介。

（5）日程安排：可查询全部竞赛与非竞赛日程的安排。

（6）背景信息：展示各体育项目的背景信息。

（7）奖牌信息：展示总奖牌榜、各体育分项奖牌榜等。

（8）赛事纪录：展示历史纪录及本届比赛破纪录情况。

（9）交通信息：展示运动员、官员及媒体班车时刻表。

（10）天气信息：展示各竞赛场馆的天气信息。

此外，比赛项目类型不同，所发布的信息也有所不同。各类比赛项目所发布的竞赛信息内容如表4-2所示。

表4-2　项目类型与发布的内容

项目类型	发布的内容
竞速类	比赛项目信息、运动员出场次序、运动员信息、运动员参赛状况、犯规次数、成绩和名次
评分类	比赛项目信息、运动员信息、比赛轮次、单次成绩、综合成绩、名次、延时时间
记环与记分类	比赛项目信息、出场队员信息、比赛轮次、成绩公告（本轮开始前显示前几轮最好成绩，本轮完成后显示本轮成绩）、名次
对抗类	比赛项目信息、双方参赛队及队员信息、比赛轮次、犯规次数、比分、比赛时间
球类	比赛项目信息、双方参赛队及队员信息、比分、比赛节次、发球权、换人次数、暂停次数、暂停时间

信息发布系统是体育赛事信息化的一个重要体现，既在第一时间为现场运动员、教练员、媒体工作者和观众提供了比赛信息，也为官方网站、综合查询系统等相关系统提供了统一、规范的数据源，是赛事参与者、媒体工作者和社会公众等获得竞赛信息的主要渠道。

总之，在信息技术高度发展的时代，信息技术将更多地渗透到体育赛事的方方面面工作中。没有信息技术的支撑，大型体育赛事就无法取得圆满成功。同时，体育赛事举办者也对信息技术的利用提出了越来越多、越来越高的要求。

5 项目实例

本章讲述两个实例：一是 2010 年广州亚运会信息化建设和运行概况，二是基于 SaaS 模式的中小学校运动会管理系统设计与实现，以供读者参考。

5.1 广州亚运会

2010 年 11 月 12—27 日在广州举行的第 16 届亚洲运动会，共设 42 个大项、55 个分项、476 个小项，使用 53 个竞赛场馆和 19 个非竞赛场馆。有来自 45 个国家和地区的近 1.5 万名运动员及随队官员、近万名注册媒体工作人员、4 千名技术官员和裁判员参会，是亚运史上设置比赛项目最多、参赛人数最多的一届。

5.1.1 亚运会信息化建设的目标和任务

1. 建设目标

针对现代运动会对以信息技术为代表的高新技术依赖度越来越高、依存性越来越强的特点，为适应和满足竞技体育向"更高、更快、更强"目标发展的需要，使信息技术与体育赛事完美结合，广州亚运会提出了"面向竞赛、面向媒体、面向组织、面向观众"的信息化建设总体目标：面向竞赛——确保亚运圆满举行；面向媒体——提供深度信息服务；面向组织——支撑筹办业务运行；面向观众——提供丰富信息服务。

2. 建设任务

为了达到既定的目标，为成功举办亚运会提供全方位的信息服务和技术支撑，需完成系列建设任务。

（1）建立一个覆盖组委会各项筹办工作的信息管理系统，在电子化工作环境下提高运作效率，利用科学的项目管理手段组织各类项目的建设实施。

（2）建立符合国际体育竞赛标准规范的、功能完善的、技术先进的比赛管理和比赛成绩系统，保障亚运会各个比赛项目的高效顺利进行。

（3）建立统一规划的亚运会信息门户（官方网站）和统一管理的亚运会新闻发布与信息存储、打印分发系统。

（4）建立亚运会综合指挥调度系统、视频监控系统和物资物流管理系统，把亚运会办成友谊和谐、平安祥和、公平竞争的大型国际综合运动会。

（5）建立一个"随时随地、无处不在"的沟通网络，建设覆盖整个场馆的信息基础网络，构建人与场馆、交通等协调一致的信息网络环境。

（6）按照广州市"十一五"信息安全总体规划的要求，建立统一的亚运会信息安全保障体系，确保亚运会信息系统安全可靠的运行。

（7）指导和配合场馆建设网络机房、配线间、综合布线系统、LED 大屏幕等场馆信息技术基础设施。

（8）建设一个强大的技术支持和服务体系，确保亚运会各类信息系统的快速部署和稳定运行。

5.1.2　亚运会信息化建设的原则

1. 统一规划、有序实施

在运动会信息系统的建设中，对与运动会各项筹办及运行相关的应用系统、信息基础设施、IT 终端服务等进行全面统一的规划设计，对时间进度、资源占用、资金分配等进行统筹安排。

2. 资源整合、协同工作

要尽可能地整合主办城市已建立起来的信息基础设施、各类应用平台、计算机设备和信息资源，通过信息系统使运动会各筹办部门的工作协同一致，保障运动会的充分筹备和顺利召开。

3. 功能整合、数据共享

在运动会信息系统的建设中，要做好各子系统之间的功能整合、协调工作；要建立统一的数据库与系统整合的协同门户，满足各子系统之间的数据共享需求。

4. 先进性、成熟性

在要求技术领先、设备先进的同时，更要注意建立的系统或采购的信息技术装备的实用性，选择成熟稳定的技术产品。

5. 标准化、开放性

采用的技术或建立的系统必须符合国际标准，包括信息技术、通信技术、体育竞技、安防技术等各方面。系统的开放性设计要求可以确保不同系统之间的无缝连接和整合运行。

6. 安全性、可靠性

要保证大系统的安全性，就必须先保证组成这个大系统的各类小系统的安全性；要提高大系统的可靠性，就必须先保证各类小系统的可靠性足够高。建立的系统要经过严格的测试才能上线运行，保证系统的安全性、可靠性和稳定性。

7. 易维护、可扩展

对所购设备要注重其易维护性，要强调功能适用原则，对所建系统则要注意采用组件化、模块化产品。各类系统能够适应技术的最新发展趋势、满足运动会体育竞赛的最新要求。

8. 市场开发与市场动作

凡是可以通过市场开发赞助的设备首先以市场开发优先，其次是经济可行的租赁方式，最后以使用财政资金的政府采购方式解决。

9. 国际招标与国产优先

比赛信息系统要通过国际招标，公平公正地选择合作伙伴。凡是国产设备达到技术要求的，一律采购国产设备；凡是国内可以设计开发的系统优先采用国内供应商，优先使用本地的应用系统服务商。

5.1.3 广州亚运会信息化建设的特点

因比赛项目的多样性，广州亚运会 55 个分项竞赛项目的成绩管理软件大多需要单独设计开发，计算机、现代通信、互联网、光机电一体化的大型系统，需要覆盖广州及周边 3 个协办城市的 69 个场馆，因此其信息技术系统是亚运会历史上最复杂、保障难度最大的信息技术系统。

作为亚运会组织运作的重要组成部分，此届亚运会的信息化建设具有以下特点：

1. 复杂性

场馆的信息化建设涉及业务领域众多，各项业务与工作相互交错、关联紧密。

2. 专业性

场馆的信息系统运行应遵循亚运会特有的运行操作规范，同时需要与亚奥理事会、国际单项体育联合会、媒体、转播机构、各类赞助商等方面密切衔接。

3. 规范性

场馆的信息系统运行应确保不同场馆同类型服务项目的标准一致，工作流程规范。

4. 整体性

场馆的信息系统运行强调统筹整合，不是专项工作的简单叠加，空间布置和工作流程要同时满足竞赛、转播、媒体服务、观赛等多方面的需求。

5. 服务性

竞赛组织按照国际单项体育联合会章程和规则落实，场馆信息技术团队要为竞赛组织提供周到细致、标准规范的服务。

6. 国际性

场馆信息技术服务对象为来自 45 个国家和地区的运动员、各国媒体、国际单项体育联合会、其他大家庭成员和志愿者等，场馆信息技术团队要熟悉亚运会运行规则，具备对外交流的能力。

5.1.4　广州亚运会信息系统的构成

1. 亚运会信息系统的构成

亚运会信息系统的构成为"四个层次、一个接口"，如图 5 – 1 所示。

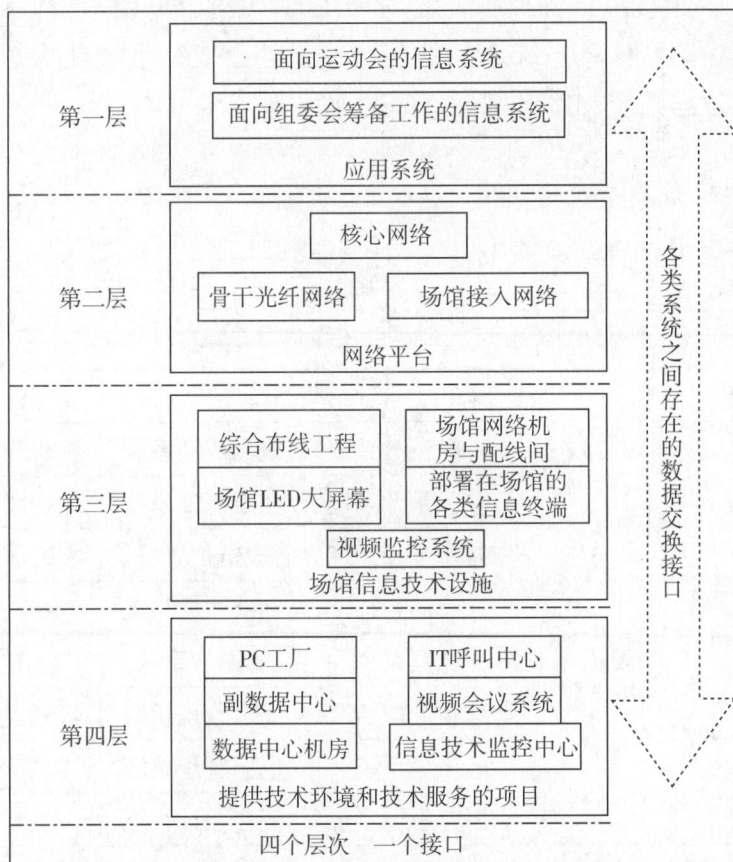

图 5 – 1　亚运会信息系统结构图

（1）四个层次：

第一层：应用系统。这是亚运会信息系统的核心部分，包括面向运动会的信息系统及面向组委会筹备工作的信息系统。

第二层：网络平台。包括支撑所有应用系统运行的核心网络、骨干光纤网络和场馆接入网络。

第三层：场馆信息技术设施。包括场馆综合布线工程、场馆网络机房与配线间、视频监控系统、场馆 LED 大屏幕及部署在场馆的各类信息终端。

第四层：提供技术环境和技术服务的项目。包括数据中心机房、信息技术监控中心、副数据中心、PC 工厂、视频会议系统、IT 呼叫中心等信息技术公共基础设施。

（2）一个接口：各类系统之间存在的数据交换接口。包括计时记分系统与运动会信息系统之间的接口，运动会成绩系统与指挥调度系统、信息发布系统和官方网站之间的接口等。

2．亚运会信息系统组成

亚运会主要信息系统如表 5 - 1 所示。

表 5 - 1 亚运会主要信息系统

服务对象	信息系统		
面向竞赛（运动会信息系统）	运动会成绩系统	计时记分系统	现场成绩系统	中央成绩系统
		仲裁录像系统	注册制证系统	电视图形系统
		打印分发系统	解说员信息系统	实时显示系统
	运动会管理系统	注册系统	在线注册系统	竞赛报名系统
		礼宾系统	志愿者系统	人事管理系统
		住宿分配系统	访客管理系统	抵离系统
		排班系统	制服管理系统	收费卡系统
		医疗事件系统	酒店预计系统	

（续上表）

服务对象	信息系统			
面向组织（组委会信息系统）	办公自动化系统（OA）	部门业务子系统	知识管理系统	赛程计算系统
	专家信息管理系统	项目管理系统	客户关系管理系统	场馆与公共信息资源系统
	多媒体管理和在线培训系统	物资物流系统	指挥调度系统	车辆调度系统
面向媒体	综合信息服务系统	电视评论员系统	实时显示系统	成绩打印分发系统
面向观众	官方网站	票务系统	信息发布系统	视频直播系统

5.1.5 亚运会信息技术的组织实施

为了能准时按计划完成亚运会信息系统的建设任务，广州亚运会在架构设置、人员配备、物资保障等方面均有全面周密的安排。如在组织结构设置上，就根据赛前统筹协调和赛时运转流程的需要，按层级进行管理。如图 5-2 所示。

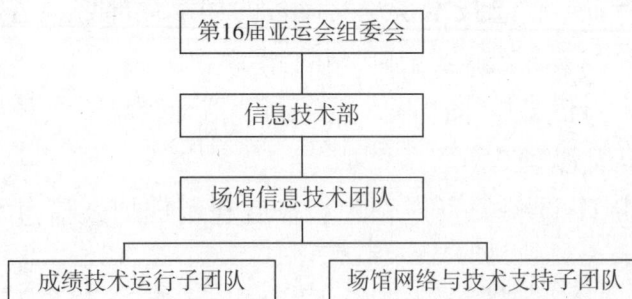

图 5-2　第 16 届亚运会信息技术组织结构图

在亚组委的领导下，信息技术部负责信息技术领域的总体统筹、规划和建设，场馆信息技术团队执行场馆范围内信息技术项目的运行和保障工作。

1. 信息技术部

信息技术部是广州亚运会组委会专门负责信息技术系统建设、运

行、维护并提供赛时信息技术服务和保障的部门。信息技术部的主要职责是:

(1) 负责运动会的核心信息系统、计时记分系统、组委会管理信息系统等各类应用系统的规划设计、建设实施、培训使用、测试联调、技术演练和运行维护。

(2) 负责为亚运会的组织筹备、测试赛、联调演练、赛时运行、指挥调度等提供网络与通信技术支持,规划建设并运行维护组委会专网和运动会专网平台以及场馆互联网络,提供有线和无线通信保障。

(3) 负责无线电频率申请和管理、协调工作,联合主办城市无线电管理部门开展场馆无线电频率监测、控制和管理工作,保障运动会的无线电安全。

(4) 负责建设组委会信息系统和运动会信息系统的网络安全保障体系,制订应急响应预案并建立预案管理系统,开展技术演练并与城市信息安全应急响应相关机构建立应急协调机制。

(5) 负责运动会竞赛与非竞赛场馆的信息基础设施建设的规划、指导、督导和技术支持。在特定情况下,信息技术部门还可以牵头组织合同商实施场馆信息基础设施的建设任务。

(6) 负责赛时信息技术系统及设备的场馆化部署、运行调度和技术服务,保障终端设备的安全可靠运行。

(7) 负责对信息技术团队人员编制、培训辅导、人员制证及各种综合事务的组织管理工作。

(8) 负责 IT 设备的资产管理、赛后利用规划及信息数据的移交工作。

(9) 负责与运动会组织机构(如国际奥委会、亚奥理事会等)指定的信息技术专家联系,接受其工作督导及审计。

(10) 负责向协调委员会报告信息技术系统建设的最新进展情况。

2. 场馆信息技术团队

场馆信息技术团队接受信息技术部和场馆团队的双重领导,是各竞赛和训练场馆信息技术方面的具体执行者。场馆信息技术团队根据工作性质划分为成绩技术运行子团队和场馆网络与技术支持子团队,具体岗位结构如图 5-3 所示。

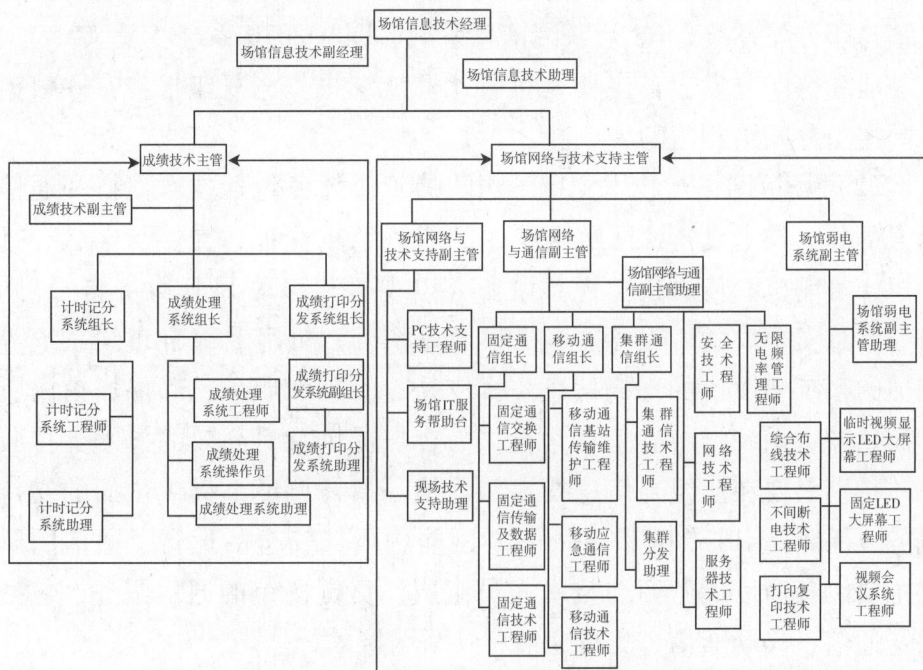

图 5-3　场馆信息技术团队岗位结构图

（1）成绩技术运行子团队主要负责协调各合同商提供计时记分、成绩采集和处理、成绩信息发布和成绩打印分发服务。主要任务是：完成成绩打印分发的物理环境布置工作；收集运行团队各业务口对成绩报告的种类、数量、签收人员和接收地点等的详细需求；承担比赛成绩分发和分发情况统计的工作，保证赛时赛果的准确送达。

计时记分服务主要是获取、记录和显示现场比赛的结果。主要设备有：记分牌、记分板、定时器、射束监测器、数据获取计算机传感器、摄像机和其他设备以及与计时和记分设备相关的电缆布线，包括赛场、计时记分系统工作间以及外部的连接。

成绩处理服务主要是在计时记分系统上输入数据，根据运动会规则算出运动员的成绩或排名，把比赛结果发送到现场记分牌或电视板上显示出来，生成电视图像，向解说员信息系统输入成绩和结果，向成绩信息发布系统输入成绩和结果。

成绩发布服务主要是进行比赛成绩的收集和管理：向媒体、广播员、国际/亚洲单项体育联合会、组委会、非比赛场地节点、功能区发布赛事信息。成绩发布服务的支撑系统主要包括：解说员信息系统、成绩打印分发系统、IIS 互联网信息系统、INFO2010 系统。

成绩打印分发服务主要是接收比赛成绩报告、复印报告，并根据不同需求分发给相应的客户。

（2）场馆网络与技术支持子团队的工作任务包括技术支持和通信两大部分。技术支持团队负责统一的服务请求受理，提供与电脑、打印机、复印机、传真机、视频设备（电视机和移动 LED 大屏幕）、网络与信息安全设备、服务器、视频会议系统、机房及综合布线系统等相关的系统和设备的现场信息技术支持、管理和服务；确保场馆内所有信息技术系统与产品正常运行，为客户提供及时高效的技术支持服务。特别是要在亚组委信息技术部的统一指挥调度下提供全面的支持服务，保障 AGIS 专网和 Admin 专网能顺畅、安全的运行。通信团队则主要由各通信运营商与技术人员组成，负责场馆的通信服务，包括固定通信、移动通信、集群通信、互联网接入等。

场馆网络与技术支持子团队根据亚组委信息技术部的相关大型赛事的技术要求负责所辖场馆的综合布线系统、机房环境以及网络系统的改造、建设、维护等工作，保证比赛期间全部信息网络系统的正常运行，为赛时场馆各系统的运行提供全方位的保障。

3. 信息技术运行指挥模式

亚运会信息技术系统的运行由信息技术监控中心、场馆信息技术团队和应急团队三部分组成。

（1）赛时，信息技术监控中心实时监控所有比赛场馆和非比赛场馆在亚运会期间的技术运行情况，组织赛时技术运行。信息技术监控中心与其他业务部门的指挥中心（竞赛运行指挥中心、医疗运行指挥中心等）都是专业部门的运行指挥中心，属于赛时专项工作团队。信息技术监控中心的宗旨是：作为唯一的信息技术运行和指挥中心，在赛时运行阶段对所有信息技术运行情况进行实时监控，指挥解决重大信息技术问题。

（2）场馆信息技术团队负责技术设备在场馆的部署、运行环境的提供与管理、现场技术支持服务等工作，并负责处理场馆各信息系统运行中出现的90%以上的问题。

（3）应急团队根据信息技术监控中心的指令，负责解决场馆信息技术团队难以解决的突发技术事件。

5.2　基于SaaS模式的中小学校运动会管理系统的设计与实现

目前大部分中小学在举办校运会时普遍采用手工操作的方式，极少数学校使用单机版运动会管理系统，各校的体育教师每年均花费大量精力来组织校运会。根据中小学校在举办校运会过程中普遍存在的问题，结合广州市教育科研网在云计算技术方面的优势，提出在广州市教育信息中心部署基于SaaS模式的中小学校运动会管理系统，为已连接广州市教育科研网的1 500多所中小学校举办运动会提供按需定制服务。

传统的单机版运动会管理系统，运动员的报名往往是先填写表格，然后再由计算机操作员进行数据录入。这一过程不仅耗时耗力，而且容易出错，当然也不利于运动员对竞赛规程等基本情况的了解。在运动会期间，需要及时输入数据并输出数据，把运动会的比赛成绩及时准确地公告出去。由于单机版运动会管理系统只有一个输入终端，运动会项目全面铺开后，产生的大量数据就不能及时输入并公布。因此单机版运动会管理系统现在用得比较少。

后来出现的B/S模式运动会管理系统，需要软件提供商根据用户需求将管理系统开发完成后，再将其部署到用户的环境中去。但随着系统规模的不断扩大，这种传统的软件开发方式也出现了一些缺点：不同企业可能开发出了需求功能类似的软件，但只能分别开发；每个用户负责购买自己的硬件设备，组建各自的系统环境；不同用户的管理系统需要分别维护，工作量大。不同于传统的软件开发和交付模式，2001年正式提出的SaaS模式，是一种基于网络的软件应用模式。SaaS模式的核心思想是将软件以服务的模式提供给客户，它具有资源共享性（即多租户共享性）、配置性和可扩展性的特点。在该模式下，SaaS

服务提供商统一建设网络机房和购买服务器、存储系统等硬件设施，集中部署应用软件。客户只需根据自己的实际需求，通过网络向 SaaS 服务提供商租用所需要的软件服务，按租用功能和时间支付相应费用，避免一次性支付大笔的资金来建设软硬件平台，亦无须考虑后续的维护和升级等问题，有效避免了由于软件的升级或修改以及软件后期维护等带来的诸多问题，用户也只需按自己的需要支付一定的费用便可享受到便捷的服务。

该系统拟统一部署在广州市教育信息中心机房的服务器上，直接从市教育综合管理系统调用学生信息，统一预设竞赛项目和规则（也可由各校因需设置），避免重复录入包括学生姓名、项目设置、赛事纪录等各类信息，同时要求该系统能针对不同学校需求的差异，实现系统的功能和界面定制化。该系统能为各校举办校运会提供极大的便利，并免除广州市教育科研网内各学校在召开校运会时对服务器硬件和软件的购置、升级及维护，为各接入学校节省了人力和费用。

下面分别介绍需求分析、概要设计、详细设计、交付使用和维护五个部分的内容。其中需求分析和详细设计是两个最为重要的阶段，原因是：如果不能在需求分析阶段确定项目的具体需求，在进入开发阶段后将面临需求随时变更的情况；如果在详细设计阶段不能明确系统的每一个关键点，在后期的开发中将造成众多不确定关节点，导致任务返工甚至是重新开发。只有把握好项目开发流程的规范性和设计的完整性，才能开发出一个高质量的应用系统。

5.2.1　需求分析

任何软件开发的第一步都是明确系统需求，即要知道系统需要实现什么功能，具体的要求是什么。如果需求不够清晰，开发出来的系统极有可能与用户的实际需求差距较大，导致用户不愿意甚至无法使用系统从而造成浪费。

1. 项目目的

中小学校运动会管理系统涉及举办校运会前期、校运会期间和校运会后各项相关信息的综合处理工作。本系统分为多租户子系统和运动会管理子系统。多租户子系统包括公共数据管理、系统设置、用户管理、角色权限；运动会管理子系统包括运动会初始化、赛前业务、赛中业务、赛后业务、系统管理、数据管理等功能。

项目需求说明书为多租户运动会管理系统的设计、实现、测试以及验收提供了重要依据，也为评价系统的功能和性能提供了标准。本文档可供用户、项目管理人员、系统分析人员、程序设计人员以及系统测试人员阅读和参考。

同样，项目需求说明书还要包括项目开发的时间分配、人员分配、指标定义和流程顺序，表5-2简单展示了项目开发过程中各阶段的时间分配。

表5-2　项目开发时间计划

阶段	文档	开始日期	结束日期
需求阶段	需求分析文档	×年×月×日	×年×月×日
分析设计	软件设计文档	×年×月×日	×年×月×日
测试交付	软件测试文档	×年×月×日	×年×月×日

2. 任务概述

任务概述包括任务目标、运行环境、条件与限制和用户特征。

（1）任务目标。

本项目的主要任务目标如下：明确用户需求，加速开发进程；提高处理速度；控制精度或提高生产能力；改进管理信息服务；提高人员工作效率。

（2）运行环境。

部署系统的服务器运行环境如下：运行环境：Internet Explorer 6.0以上，Chrome、火狐等主流浏览器；网络服务器：Microsoft Window 2003 版本以上服务器；数据库：Microsoft SQL Server 2008；开发工具：Visual Studio 2010；运行库：Framework 4.0。

（3）条件与限制。

客户端的最低要求如下：处理器要求：Pentium Ⅱ或以上；运行环境：Internet Explorer 6.0 以上；内存要求：512MB 或以上。

（4）用户特征。

使用本软件的用户为普通中小学校运动会组织者。使用者的主要目的：①提高举办校运会的效率；②可以累积本校历届校运会数据。

3. 数据描述

数据描述包括公共数据、运动会子系统数据、数据库和数据词典。

（1）公共数据。

多租户运动会管理系统中，公共数据作为多租户运动会管理系统的公共部分直接保存在公共数据库中，即公共数据与程序结合在一起，主要数据表分为：竞赛分类表（田赛、径赛）、田赛项目管理表、径赛项目管理表、计量单位表、用户表、角色权限表、平台属性表、公共数据库、用户数据映射表、校运会纪录表。

（2）运动会子系统数据。

输入数据包括来自公共数据初始化的数据、运动员报名导入的数据、赛前各项录入的数据、赛中各项录入的数据、公共运动会世界纪录表。

内部生成的数据包括中间各种报表。

输出数据包括赛前秩序册、赛前成绩登记检录卡、赛后成绩、证书打印、本次校运会最高纪录。

主要数据表分为竞赛分类表（田赛、径赛）、田赛项目管理表、径赛项目管理表、计量单位表、用户表、运动员表、成绩表、用户权限表、历史数据归档表、系统功能表（打印、删除、增加、导出）。

（3）数据库。

系统使用的数据库系统为 Microsoft SQL Server 2008，其优点在于：

①完全支持所有的工业标准；

②获得最高认证级别的 ISO 标准认证；

③保持 Windows NT 下的 TPC – D 和 TPC – C 的世界纪录；

④多层次网络计算，支持多种工业标准，可以用 ODBC、JDBC、OCI 等进行网络客户连接；

⑤兼容性高；

⑥得到广泛的应用；

⑦完全没有风险。

4．功能需求

包括系统对各项功能的划分以及对竞赛项目的描述。

（1）系统对各项功能的划分。

①用户包括超级管理员、租户管理员、运动会管理员、参赛队伍管理员（报名用）、录分员。

②系统包括后台管理系统和前台展示系统。

③特色功能包括运动会特征码和活动特征码。具体功能包括多租户子系统功能和租户运动会管理子系统功能。

多租户子系统包括用户管理（包括系统用户和租户用户）、竞赛类别管理（包括田赛和径赛）、运动会中所有竞赛项目管理、计量单位管理、管理系统用户的权限角色管理、各租户子系统的运动会情况展示、租户派生功能。

租户运动会管理子系统包括运动会的赛前准备、赛中业务和赛后业务三个模块。

（2）竞赛项目描述。

在实际项目开发过程中，通过与超过10所中小学校的体育教师进行详细交流，获取各校举办校运会的项目设置情况。表5-3至表5-5列举了普通学校运动会的项目设置情况。

表5-3　团体赛项目

年级	男子	女子
初中	4×100 米	4×100 米
高中	4×100 米	4×100 米
	4×400 米	4×400 米

表 5 - 4　初中组个人赛项目

类别	项目	男子	女子
径赛	100 米	√	√
	200 米	√	√
	400 米	√	√
	800 米	√	√
	1 500 米	√	×
田赛	跳高	√	√
	跳远	√	√
	三级跳	√	×
	铅球	√	√

表 5 - 5　高中组个人赛项目

类别	项目	男子	女子
径赛	100 米	√	√
	200 米	√	√
	400 米	√	√
	800 米	√	√
	1 500 米	√	√
田赛	跳高	√	√
	跳远	√	√
	三级跳	√	√
	铅球	√	√

下面的表 5 - 6 为赛程安排的详细说明。

表 5-6　赛程安排

组别	项目	预赛	半决赛	决赛
初中	60 米	√	×	√
	100 米	√	×	√
	200 米	√	×	√
	400 米	×	×	√
	800 米	×	×	√
	1 500 米	×	×	√
	4×100 米	×	×	√
高中	100 米	√	×	√
	200 米	√	×	√
	400 米	×	×	√
	800 米	×	×	√
	1 500 米	×	×	√
	4×100 米	×	×	√
	4×400 米	×	×	√

5. 性能需求

（1）数据精确度。

数据要求必须精确、可靠、真实。进行查找、删除、修改、添加等操作时，应确保输入数据的规范性以及输入数据与数据库数据的匹配性。在满足用户请求时，系统应保证所响应的数据查全率、查准率准确无误。

（2）响应时间特征。

为满足用户高效要求，数据的响应时间、更新处理时间、数据转换与传输时间、运行时间都应在 2 秒之内。如果需要与外设交互（如打印机），响应时间应在可接受范围之内。

（3）稳定性、可靠性和适用性。

系统的稳定性、可靠性、适用性由以下架构来保障：

①多租户子系统数据库与租户运动会管理子系统数据库各自独立运行。

②多租户子系统数据库与租户运动会管理子系统数据库之间具低耦合性。

③租户运动会管理子系统中各租户操作响应的应用程序是独立运作的。

④租户运动会管理子系统中对租户的历年数据进行清洗后归档。

⑤多租户子系统数据库中维护租户和运动会管理子系统间的关系。

6. 运行需求

运行需求包括以下 4 个方面内容：

（1）用户界面。

前端以 html 和 jquery 为主，在关键界面中采用异步提交的方式，提高用户体验。

（2）硬件接口。

条形码阅读器：成绩录入时读取运动员编号。

（3）软件接口。

①使用的第三方插件为大附件上传插件、打印插件、office 插件。

②如果需要系统间采用的是消息交换系统。

③系统提供发短信息的功能。

（4）故障处理。

经过租户长期使用的管理系统因积累数据多，可能影响运动会管理子系统的性能，租户应定期对系统进行数据清洗归档，从而减少响应时间，达到数据稳定、高效的要求。

①代码级错误方面：在系统内部中采用.net 的 exception 进行处理。

②应用程序代码方面：如果运动会子系统出现问题，可以通过基础代码覆盖的方法来解决程序错误的问题。

7. 其他需求

（1）软件的正确性。

最终交付使用的系统不仅要识别用户数据处理的正确性，而且要保证业务逻辑的正确性、数据的完整性。

（2）软件的可靠性。

在用户进行可预期的操作时，系统要保证可靠，无 bug 运行。

（3）软件的效率。

本系统是为实现运动会竞赛管理的信息化、自动化，使用户脱离原始的手工管理，因此该软件应确保能提高用户在运动会管理方面的效率。

（4）软件的完整性。

在发生断电等意外情况时，要保证不发生系统数据丢失的情况。

（5）软件的可维护性。

系统在发现错误时要有错误提示，并进行自动修复处理。

（6）软件的安全性。

要求提供身份验证，只允许通过身份验证的用户使用本软件。只有系统管理员才可以对软件进行数据的添加、删除和修改操作，普通用户只能进行浏览数据等基本操作。

（7）软件的可理解性。

软件提供完全图形化的界面，尽可能方便用户进行操作，从而满足各层次的用户需求。

5.2.2 概要设计

概要设计是一个设计师根据用户交互过程和用户需求来形成交互框架和视觉框架的过程，其结果往往以反映交互控件布置、界面元素分组以及界面整体版式的页面框架图来呈现。这是一个在用户研究和设计之间架起桥梁，使用户研究和设计无缝结合，将对用户目标与需求转换成具体界面设计解决方案的重要阶段。

概要设计的主要任务是把需求分析得到的系统扩展用例图转换为软件结构和数据结构。设计软件结构的具体任务是：将一个复杂的系统按功能进行模块划分，建立模块的层次结构及调用关系，确定模块间的接口及人机界面等。数据结构设计包括数据特征的描述、数据结构特性的确定、数据库的设计。显然，概要设计建立的是目标系统的逻辑模型，与计算机无关。

具体到运动会管理系统中，将系统整体划分为前台和后台两部分，并将后台再划分为后台管理系统和数据库。

1. 前台

（1）系统配置。

对于系统配置，我们通过表5-7来进行说明。

表5-7　系统配置功能模块

功能模块	项目名称及说明	字段
站点信息	首页显示的信息	名称、标识、联系电话、联系地址
活动归档	将已经结束的活动归档。只有活动状态为关闭，且过了比赛终止时间，才可使用此功能	所有数据
历史活动	查看历史活动情况	参赛队伍、队员、成绩、破纪录情况、成绩报表
精彩瞬间	上传运动图片	名称、所属活动
资料发布	主要为某活动的相关资料，包括与该活动相关的标题、正文、时间、是否置顶、是否发布、所属活动	秩序册、规程、通知等

（2）项目库。

项目库主要是对所有项目的整合，如表5-8所示。

表5-8　项目库功能模块

功能模块	项目名称及说明	字段
运动会信息	设置运动会基本信息	名称、开幕日期、闭幕日期、运动会状态、主办单位、承办单位、每项限报、每人限报、每组别限报、组别设置（根据实际需求设置初中组、高中组等）、备注

（续上表）

功能模块	项目名称及说明	字段
比赛项目	项目设置情况	比赛项目，性别、是否团体、是否全能、是否派分项目、赛道数（田赛无此项）、显示次序、录取名额、选定计量单位、备注等，实例化所需比赛项目。另需选定比赛轮数（即初赛、复赛、决赛）
比赛项目分值	项目分值设置	破纪录加分值、名次对应分值、（统计团体），录入各项目历史最好成绩
用户管理	参赛队伍：可以是以班级为单位、学院为单位，也可以自由组合，具体由管理员人为设置。所有人员仅局限于本次运动会，运动会结束后全部归档	字段：队伍编号、队伍名称、队伍简称、队伍账号、队伍密码、联系人、联系人手机号码、备注 参赛队员（运动员）：运动员编号、班级、参赛队伍、姓名、身份证号码（识别是否重复）、是否体育生、性别、手机号码（获奖信息、参赛成绩可以直接发送至该号码）、备注
运动员报名	参赛队伍账号登录，为每个运动员指定比赛项目，系统根据每项限报、每人限报、每组别限报等设置，自动给出相关提示	班别、姓名、性别、参赛项目
场次管理	为各运动项目设置场次顺序、起止时间	顺序、时间
秩序册	生成秩序册 word 版本，再由用户自行调整	班别、姓名、性别、参赛项目、级别

147

（3）赛中业务。

赛中业务，即比赛过程中所要进行的相关操作，如表 5-9 所示。

表 5-9　赛中业务功能模块

功能模块	项目名称及说明	字段
成绩录入	有弃权、犯规等选项，自动计 0 分，成绩录完确认无误后按时发布	成绩、弃权、犯规
报表	各项目参赛单位获得分数 各项目参赛队伍名次列表	代表队、姓名、成绩、名次、分数
LED 显示屏	公布实时成绩	代表队、姓名、成绩、名次

（4）赛后业务。

对于赛后结果的处理，如表 5-10 所示。

表 5-10　赛后业务功能模块

功能模块	项目名称及说明	字段
成绩榜	参赛队伍得分排名	队伍、分数、名次
破纪录榜	破纪录情况列表	项目、纪录、队伍、成绩
成绩册	根据常规报表，导出成绩册	队伍、姓名、级别、成绩
证书打印	批量导出成一个 word，在 word 中进行调整并根据证书样板打印	

（5）前台展示。

前台展示情况如表 5-11 所示。

表5-11 前台展示功能模块

功能模块	项目名称及说明	字段
通知公告	通知公告	通知公告
正在举行的运动会	运动会数据实时更新并展示	含比赛项目名称与相关信息、参赛队伍列表、每项活动个人排名、队伍排名、队伍得分
往期回顾	以往历届运动会情况	含往期通知、秩序册、破纪录情况、队伍排名、个人排名等

2. 后台

（1）后台管理系统。

后台管理系统是运动会管理系统的一个子集，主要用于对网站前台的信息管理，如对文字、图片和其他日常使用文件的发布、更新、删除等操作，同时也包括对人员信息、订单信息、访客信息的统计和管理。简单来说就是对网站数据库和文件的快速操作，使前台内容能够得到及时的更新和调整。

①系统管理。系统管理包括用户管理、交流管理和日志管理。

用户管理包括对总平台用户和运动会管理子系统用户的管理。交流管理包括为系统用户发送站内短信、平台内部间自由交流和短信群发功能。日志管理主要包括运动会管理子系统的账号登录管理和对租户平台日志的各种操作。

②租户管理。租户管理包括租户的派生和维护。

租户派生是由用户生成、子系统数据库生成和子系统代码文件夹建立构成。

租户维护由租户信息修改、租户子系统重置和租户子系统数据备份这三部分组成。

③基础数据管理。基础数据管理由计量单位管理、竞赛项目管理

和世界纪录维护组成。详细内容包括各种计量单位为子系统提供派生、激活和停用单位、各项世界纪录的基础数据维护。

④子系统数据分析。用于存储子系统的最高纪录。

（2）数据库。

数据库中需要建立 13 个表，才足以存储所有的相关信息。具体如下：child_ pic、child _ sysinfo、child _ mealib、child _ infopublish、child _ prolib、child_ appearance、child_ group_ manage、child_ break_ record_ his、child_athlete_ manage、child_ team、child_ sportinfo、child_ proselect、child_ athlete_ pro。

5.2.3　详细设计

详细设计是对概要设计的细化，是需求分析设计阶段最重要的设计。详细设计实现每个模块算法的详细设计和局部构造，包括模块说明、流程逻辑、算法、限制条件、输入项、输出项、界面设计和需要的数据表。

由于详细设计的内容十分复杂，下面我们仅对系统的主界面（包括登录界面）进行介绍。

1. 模块说明

主界面包括登录界面和主菜单界面。登录界面主要内容是账号、密码和验证码的输入和验证反馈。主菜单界面包括导航和视图两大模块。其中视图模块的友好性决定了系统能否为用户带来舒适的操作体验，只有美观的界面设计才能更好地帮助人机之间进行相互交流，配合每一步友好的提示语，让使用者初次体验就能顺利完成相关操作目标。

2. 流程逻辑

流程逻辑中详细展示了各个功能之间的层次结构。这里仅介绍登录流程和主界面流程。

（1）登录流程。

登录流程如图 5 – 4 所示。

（2）主界面流程。

主界面流程如图 5 – 5 所示。

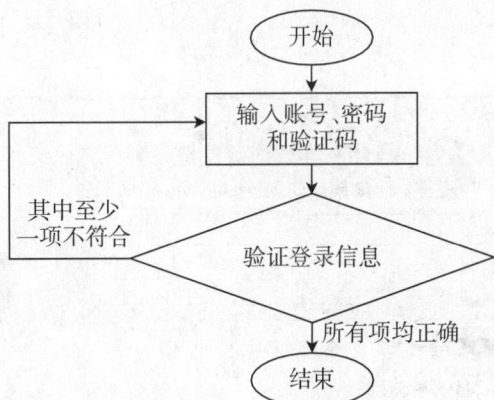

图 5 – 4　登录流程图

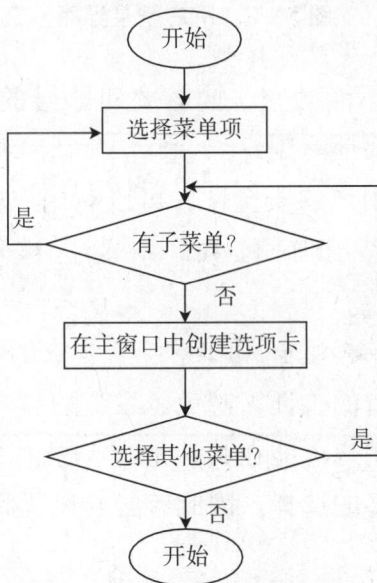

图 5 – 5　主界面流程图

3. 限制条件

限制条件的设置有助于规范用户的使用，避免用户在使用过程中产生一些不必要的错误，例如"起始时间"不能超过"终止时间"等。这里我们仍旧针对主界面的相关内容进行讲解。

（1）登录界面。

登录界面如图5-6所示，包括账号、密码、验证码，让系统记住我。当然还包括了"登录"等其他按钮。这里我们讨论可供用户自主选择的信息。

图5-6 用户登录界面

账号：首先账号不能为空，同时要对账号的最大长度做出限制，如果长度过大，则需要提醒用户。

密码：为了提升用户的安全性，可以对用户密码增加一些特殊限制，比如密码不能少于6位数，不能是连续数字序列，例如"123456"。

验证码：验证码的长度必须和系统所要求的相同，如果长度都不同的话，则不进行后台的验证，避免了系统的额外开销。

让系统记住我：用户可能在其他地方登录时只是简单地进行一次查询，并不想进行太多的选择。因此有必要设置此选项。

（2）搜索栏。

图5-7 搜索栏界面

系统的大部分菜单中都涉及了搜索功能，搜索栏界面如图5-7所示。要搜索的内容一定要符合相关要求，例如对比赛结果搜索、参赛团队搜索等应遵守相关内容的约束条件。

在详细设计的报告中，所有的限制条件都必须事先明确。这样才能在系统的实际使用中防止用户发生不可预知的错误。

4. 输入项

输入项内容主要是登录界面中需要填写的内容和相关表格的内容，这些内容都有各自的限制进行约束。

5. 输出项

输出的内容不仅是用户在使用过程中所看到的直观界面，为系统管理员和开发人员所展示的后台数据同样非常重要。一旦系统出现任何异常，这些看似无用的后台信息将帮助管理和维护人员快速准确地确定问题并予以改正。

（1）友好的界面。

一个友好的用户界面具有较高的转化效率，并且简单易用。换句话说，无论是专用人员还是临时游客，都可以很好地使用它。而友好的界面不单指美观的界面，还包括业务流程、操作方式和布局方式的友好性。

其中业务流程的友好性显得尤为重要。一个软件即使界面设计非常友好，但如果违反了业务流程，也是一个失败的设计——因为失去了使用意义。因此界面的设计要以业务流程为主。业务流程决定了一个软件使用的实用性、方便性和可操作性。

操作方式的友好性也很重要。一个人一旦养成了习惯，就很难改变，因此，设计的界面必须符合大多数人的操作习惯，要从用户的实际使用出发。否则的话，即使软件功能再强大，用户也不愿意使用。

布局方式体现了人们的操作习惯。例如大多数人习惯用右手操作鼠标，对于一些常用按键如［确定］［取消］等，一般情况下［确定］

按键是放在［取消］按键的左边的，界面的布局设计就要考虑这些使用习惯，避免用户在使用过程中点击错误。

（2）详细的日志。

日志是信息系统非常重要的功能组成部分。日志的主要作用是记录系统产生的所有行为，并按照某种规范表达出来。我们可以使用日志记录的信息为系统进行排错，优化系统的性能，或者根据这些信息调整系统的行为。在安全领域，日志系统的重要地位尤甚，可以说是安全审计方面最主要的工具之一。

日志不仅要准确地说明某个时间的具体某个内容，而且要详细列出各个执行数据的参数，这样才能快速地定位出问题的所在。

6. 界面设计

（1）登录界面。

首先，登录界面要尽可能减少用户的信息输入。以注册表单为例，表单中如果增加的字段信息越多，用户的注册率就会越低。因为用户需要考虑这个字段该填什么，或者根本不清楚这个字段需要填什么。特别是在是在移动终端上，如果需要填写的信息太多，就会让用户产生抵触情绪。总之，用户需要输入的次数越多，体验越不好。

其次，在用户登录或注册时及时弹出提示信息。用户注册或登录时填写的表单有多个字段，而这些字段的验证容易产生歧义。表单的提示信息可以有多种形式，可以用红色标识字眼或用相关图标等。同时，更多的登录或注册的表单输入提示可以减少用户输错的概率，帮助用户节省时间。

再次，尽量减少强制用户的操作。有些系统在登录界面放置了很多输入框，但太多的强制性输入会导致用户对系统失去好感。

总之，不管是何种类型的系统都需要从用户的角度出发，在保证系统安全的前提下让用户更加轻松地登录。系统的注册登录就是用户使用产品的一面窗，只有让用户真正轻松地从窗户看进来，才能够更完美地体现产品的价值。

（2）主界面框架。

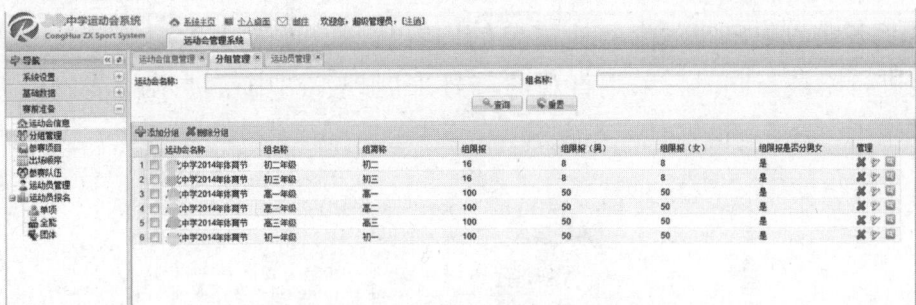

图 5 - 8   主界面

系统的主界面如图 5 - 8 所示。

主界面的设计要遵循以下要求：

①一般适用原则：用户的操作要尽可能以最直接、形象和易于理解的方式呈现在用户面前。如对于操作接口，直接点击优于右键操作，文字表示优于图标示意，因此要尽可能符合用户对类似系统的识别习惯。

②方便使用原则：符合用户习惯为方便使用的第一原则。此外还有实现目标功能的最少操作数原则和鼠标最短距离移动原则等。

③用户导向原则：为了方便用户尽快熟悉系统，尽可能提供向导性质的操作流程。

④提供高级自定义功能：为熟悉计算机及软件系统的高级用户设置自定义功能。对已经确定的常规操作、界面排版、界面样式等进行符合使用者自身习惯的自定义设置。

⑤界面色彩要求：要注意计算机屏幕发光成像和普通视觉成像的差异性。注意界面的色彩搭配，使用户在较长时间内面对界面不觉得视觉过于疲劳。

⑥界面平面版式要求：系统样式排版整齐划一，尽可能划分不同的功能区域于固定位置，方便用户导航使用；排版不宜过于密集，避免产生混淆。

（3）菜单树。

菜单树界面如图 5-9 所示。菜单树的设计需要在有限的空间内尽可能多地为用户展示出其所需要的内容信息，而对于无用的信息，需要进行隐藏。同时，采用直观的符号来展现，图中所展示的菜单树就使用了"＋"和"－"来表示。

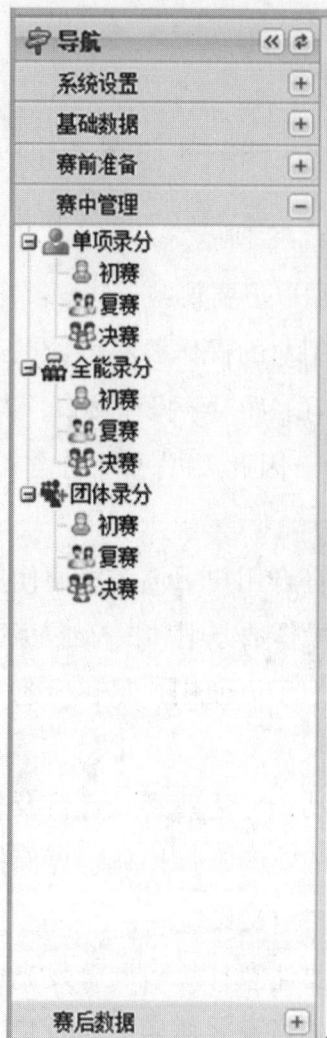

图 5-9　菜单树

7. 需要的数据表

表 5-12 和表 5-13 分别是运动会表和运动员表。

表 5 – 12　运动会表

列名	属性	备注
sportinfo_id	integer	运动会编号
sportname	varchar（40）	运动会名称
begindate	datetime	开始时间
enddate	datetime	结束时间
sport_state	varchar（10）	运动会状态（未开始、进行中、已结束）
host_unit	varchar（50）	主办单位
undertake_unit	varchar（50）	承办单位
assist_unit	varchar（50）	协办单位
project_limit	integer	每项活动限报
people_limit	integer	每人限报
team_limit	integer	每组限报
address	varchar（50）	比赛地点（可整段文字说明：如某活动在室内场、某活动在跑道场等）
call room	varchar（50）	检录处，可以整段说明
remarks	varchar（50）	备注
user_id	varchar（50）	用户 id

表 5 – 13　运动员表

列名	属性	备注
sportinfo_id	varchar（40）	运动会名称
athlete_id	integer	运动员 id
project_id	integer	参加项目的 id
group_id	integer	分组 id
match_group	integer	赛组
match_track	integer	赛道
group	boolean	是否团体
foul	boolean	是否犯规

（续上表）

列名	属性	备注
waiver	boolean	是否弃权
semi_finals	boolean	是否进入复赛
finals	boolean	是否进入决赛
team_id	integer	团体赛每个团体一个 id
score1	double	第一轮成绩记录
score2	double	第二轮成绩记录
score3	double	第三轮成绩记录
ranking1	integer	第一轮排名
ranking2	integer	第二轮排名
ranking3	integer	第三轮排名

上边的两个表中都记录了非常详细的信息，并且每个信息都是不可或缺的。在实际的开发过程中，一个表可能会变得极其复杂，但这样有助于减少表的个数，简化相互之间的相关关系，使得系统的逻辑更加清晰。

5.2.4　交付使用

系统交付就是将按照用户要求所完成的完整系统或可用系统，经过用户测试合格后在用户要求的使用环境中进行部署，并进行相应指导，使其为用户开始服务。且系统必须按照用户公司方的要求，比如交付件要求：①必须是原创且未公开的作品；②使用开源技术，工具和开发语言不作限制；③作品严格按照软件工程规范进行设计；④编程风格良好，注释清晰；⑤作品中禁止出现各种违反国家相关规定的信息；⑥作品范围可以是以下几类但不局限于这几类：桌面应用、多媒体应用、网络应用、安全防护等，应用范围可以是工作、生活、娱乐、交易、教育等；⑦可围绕主题自由选择 PC 平台软件创新或移动平台软件创新。

5.2.5 维护

虽然系统已经交付给用户使用，但系统在运行过程中难免会出现相关问题，有时用户还会要求对系统进行相关升级，比如在更换服务器后系统进行重新部署等。

维护活动总体包括四类：纠错性维护、适应性维护、完善性维护和预防性维护。

1. 纠错性维护

纠错性维护是指改正在系统开发阶段已发生而系统测试阶段尚未发现的错误。这方面的维护工作量要占整个维护工作量的17%～21%。所发现的错误有的不太重要，不影响系统的正常运行，其维护工作可随时进行；而有的错误非常重要，甚至影响整个系统的正常运行，其维护工作必须先制订计划，再进行修改，并且要进行复查和控制。

2. 适应性维护

适应性维护是指使用软件适应信息技术变化和管理需求变化而进行的修改。这方面的维护工作量占整个维护工作量的18%～25%。由于计算机硬件价格的不断下降，各类系统软件层出不穷，人们常常为改善系统硬件环境和运行环境而产生系统更新换代的需求；企业的外部市场环境和管理需求的不断变化也使得各级管理人员不断提出新的信息需求。这些因素都将导致适应性维护工作的产生。进行这方面的维护工作也要像系统开发一样，有计划、有步骤地进行。

3. 完善性维护

完善性维护是为扩充功能和改善性能而进行的修改，主要是指对已有的软件系统增加一些在系统分析和设计阶段没有规定的功能与性能特征。这些功能对完善系统功能是非常必要的。另外，还包括对处理效率和编写程序的改进，这方面的维护占整个维护工作的50%～60%，这方面的维护除了要有计划、有步骤地完成外，还要注意将相关的文档资料加入到前面相应的文档中去。

4. 预防性维护

预防性维护是指为了改进应用软件的可靠性和可维护性，以及适应未来的软硬件环境的变化，主动增加预防性的新的功能，以使应用系统适应各类变化而不被淘汰。例如将专用报表功能改成通用报表生成功能，以适应将来报表格式的变化。这方面的维护工作量占整个维护工作量的4%左右。

只有在开发环节的每个过程都保证其正确性，系统整体才能实现稳定可靠的运行，才能减少不必要的后续维护，为用户带来更好的体验。

参考文献

[1] 国家体委训练竞赛综合司. 运动竞赛学. 北京：北京体育大学出版社，1991.

[2] 黄海燕，张林. 体育赛事的基本理论研究. 武汉体育学院学报，2011（2）.

[3] 王守恒，叶庆晖. 体育赛事的界定及分类. 首都体育学院学报，2005（3）.

[4] 王子朴，杨铁黎. 体育赛事类型的分类及特征. 上海体育学院学报，2005（12）.

[5] 谢阳群. 信息技术的分类与层. 大学图书情报学刊，1997（2）.

[6] 黄煌. 信息通信技术作为服务业突破性技术的研究. 北京：北京邮电大学，2013.

[7] 张立，张宇航，陈晓龙，等. 奥运史中的信息技术应用及其技术特点和发展特征. 北京体育大学学报，2006，29（12）.

[8] 侯欣逸. 信息技术保障北京奥运会. 计算机世界，2008 – 12 – 15.

[9] 朱丽. 网络信息技术在竞技体育中的应用. 四川体育科学，2004（2）.

[10] 李凤华，王琰. 竞技体育与信息技术. 广州体育学院学报，2004，24（4）.

[11] 白洁. 体育信息技术应用现状与展望. 体育文化导刊，2006（9）.

[12] 赵黎. 体育信息技术应用与发展. 北京体育大学学报，2008，31（2）.

[13] 赵谷. 大型体育赛事中信息技术应用现状. 武汉体育学院学报，2012，46（5）.

[14] 吴功宜. 计算机网络高级教程. 北京：清华大学出版社，2007.

[15] 中国就业培训技术指导中心. 计算机网络管理员. 北京：中国劳动社会保障出版社，2013.

[16] 崔晶，刘广忠，等. 计算机网络基础. 北京：清华大学出版社，2010.

[17] 谢希仁. 计算机网络. 北京：电子工业出版社，2013.

[18] 全国计算机技术与软件专业技术资格（水平）考试办公室组. 信息系统管理工程师教程. 北京：清华大学出版社，2006.

[19] 黄孝章，刘鹏，苏利祥. 信息系统分析与设计. 北京：清华大学出版社，2010.

[20] 第 16 届亚洲运动会组织委员会. 重大国际体育赛事管理和运行. 广州：广东人民出版社，2010.

[21] 张楠，许万林，高朝阳. 体育展示与奥运会组织工作. 西安体育学院学报，2008，25（4）.

[22] 昌中作，徐悦，戴钢. 基于 SaaS 模式公共服务平台多用户数据结构的研究. 计算机系统应用，2008，17（2）.

[23] 鲁飞，梁金明. 学校田径运动会计算机信息管理系统教程. 成都：西南交通大学出版社，2009.

[24] 王德炜. 学校田径运动会的策划与组织. 西安：西安交通大学出版社，2007.

[25] 张永东. 高校田径运动会管理系统的设计与实现. 成都：电子科技大学，2010.

[26] 徐小平. 田径运动会通用管理系统. 成都：电子科技大学，2012.

[27] 尉鹏博. 运动会管理系统的设计与实现. 西安：西安理工大学，2006.

[28] 于敏. 田径运动会管理系统. 长春：吉林大学，2014.

[29] 李萍. 校园运动会管理系统的设计与开发. 青岛：中国海洋大学，2015.